LEADERS BECOME LEADERSHIP | LOS LÍDERES SE CONVIERTEN EN LIDERAZGO

You Better Stand Your Watch |
Es mejor que sostengas tu reloj

Dr. Emmett Emery Sr.

authorHOUSE

AuthorHouse™
1663 Liberty Drive
Bloomington, IN 47403
www.authorhouse.com
Phone: 833-262-8899

Published by AuthorHouse   09/21/2022

ISBN: 978-1-6655-7130-2 (sc)
ISBN: 978-1-6655-7129-6 (e)

VOLUME I

LEADERS BECOME LEADERSHIP

You Better Stand Your Watch

Dr. Emmett Emery Sr.

I have to start by thanking Yosemy Mora, Senior Director for Mary Kay Inc. Orlando/Tampa area, for encouraging me to branch out to the Latin Community, by publishing this book in two languages. Volume I in English and Volume II in Spanish.

Tengo que comenzar agradeciendo a Yosemy Mora, Director Senior de Mary Kay Inc. en el área de Orlando / Tampa, por alentarme a diversificarme a la Comunidad Latina, publicando este libro en dos idiomas. Volumen I en inglés y Volumen II en español.

CONTENTS

INTRODUCTION

The question is, which is more important, leadership or management? Well, both are important, naturally, but leadership is ahead of management. Leadership is considered the base of an organization. In the building of an organization, they need to harness the organization passion and vision with disciplined processes.

Peter Ferdinand Drucker, an Austrian-born American management and leadership consultant, educator, and author, whose writings contributed to the philosophical and practical foundations at modern business operations, was very tactful when he said that management is an important endeavor, as he was focusing on leadership throughout most of his career. In the beginning of Drucker's writings, he did not view leadership as an important positive factor in a business because he believed that effective management, not leadership, was the key to success.

By the end of his life, Drucker acknowledged that leadership was important. A basic definition of a leader is a person who inspires employees with his/her vision to achieve a special goal. The leader assists the employees in completing the strategies to achieve the goal. The leader possesses a good foresight and can

- motivate employees
- create and implement team building
- support innovation and continuous improvement
- develop trust among the employees

The leader is considered the important link because of his or her ability to

- inspire employees
- perform the company vision
- show confidence in their ability
- display a positive attitude
- display good communication skills
- be open-minded and willing to listen to employees
- display enthusiasm

A basic definition of a manager is a person who manages employee(s), through

- planning
- organization
- direction
- coordination
- control

The manager is considered the organizer, because of his or her ability to

- display discipline
- show commitment to work
- show confidence in their ability
- show effective decision-making
- be competent
- display patience
- display etiquette

In addition to Drucker's leadership theories, you also have Douglas Abbot McGregor leadership theories. McGregor is a retired US Army colonel and government official, and an author, consultant, and television commentator. McGregor was a famous management professor in the field of personal development and motivational theory. He is best known for his development of theory X and theory Y; they both are leadership theories on two different leadership styles.

McGregor developed the leadership theory X and theory Y in 1960. The theories focus on organization and management in which two opposing perceptions about people in their work environment was represented. Theory X summarizes the traditional view of management in several characteristic assumptions, in which autocratic leadership style involves close supervision and the hierarchical principle being the key elements.

Theory Y starts from the assumptions that people have different needs, and people are inherently happy to work in this theory; leaders want to exert themselves in the decision-making process, and they are motivated to pursue objectives and reach a higher level.

The difference between Drucker's (1960) and McGregor's (1960) viewpoints on leadership is that McGregor focuses on four basic themes of communication logic. McGregor noted that employees need a push or reward to get work done. A relationship exists in situation of democratic management that involves an entire company from the president to the sales representative.

Managers' basic beliefs have a strong influence on the way that organizations function. Managers' assumptions about the behavior of people are central to their beliefs (Drucker, 1960).

Drucker's description of McGregor's beliefs center on the fact that the average human being

- has an inherent dislike of work,
- seeks to avoid it if possible, and
- would encourage people to dislike work.

The personality of leadership embedded in the organization may lead leaders to coerce, control, direct, and threaten employees with punishment to get them to put forth adequate effort toward the achievement of organizational objectives. At that moment, external control and the threat of punishment are not the only means of bringing about effort toward organizational objectives. I always understood that commitment to objectives is a function of the rewards associated with achievement.

The conventional approach to managing leadership has three major propositions: (a) the interest of economic ends such as full employment or economic growth and prosperity, (b) managing materials such as the complete cycle flow of materials and the associated flow of information, and (c) productive enterprise money such as controlling spending.

Leaders use leadership to modify the behavior of individuals, control the action of individuals, direct the effort of individuals, and motivate individuals. Leaders motivate individuals to accomplish tasks by using methods such as rewards, control, and punishment.

Drucker's major propositions include managers arranging conditions and methods of operation to assist employees in achieving goals. The major propositions also include leaders conveying the responsibility of organizing the element of equipment, productive enterprise money, and materials. Further, leadership includes bearing the responsibility to recognize, develop, and assist in the individual characteristics of employees.

Drucker's theory can be applied effectively in military contexts and in times of stress or emergency. Drucker's theory advocates a one-way communication style. One-way communication does not allow fresh ideas to generate. The results of one-way communication in a working environment may be fear and resentment, which leads to high absenteeism and turnover and hinders innovation and creativity. Drucker's theory involves employees at all levels of the organization and includes a series of management philosophies, such as slow promotion and evaluation procedures, long-term job security, individual responsibility that involves a group context, and consensual decision-making.

The theory presented by Drucker is the most prominent of theories and practices that define the comprehensive system of management and leadership. The theory presented by Drucker addresses the satisfaction of lower-level needs such as incorporating group processes in decision-making, and the satisfaction of supporting employee needs and of encouraging employees to take responsibility for their work and decisions. When employees take responsibility for their work and decisions, they satisfy high-level needs and often increase productivity.

The key differences between a leader and a manager are drawn on the following:

- A leader influences his subordinate to achieve a specific goal, whereas a manager is a person who manages the entire organization.
- A leader possesses the quality of foresightedness, whereas a manager has the intelligence.
- A leader sets direction, whereas a manager plan details.
- A leader has followers, whereas a manager has the employees.
- A leader uses conflicts as an asset, whereas a manager avoids conflicts.
- A leader uses transformational style, whereas a manager uses transactional leadership style.
- A leader promote change, whereas a manager reacts to change.
- A leader aligns employees, whereas a manager organizes employees.
- A leader focuses on employees, whereas a manager organizes employees.
- A leader aims at the growth and development of his/her teammates, whereas a manager aims at accomplishing the end results.

Let's go back to Drucker; it's very important to understand that he focused on six different leadership philosophies, which are still used in today's society. They are

- coercive leadership—demands immediate compliance
- authoritative leadership—mobilizes people toward a vision
- affiliative leadership—creates harmony and builds emotional bonds

- democratic leadership—forges consensus through participation
- pacesetting leadership—sets a high standard of performance
- coaching leadership—develops people for the future

Drucker did not mention participative leadership in his theory of management, but the philosophy of management presented by him relates to participatory leadership. This is when managers tend to believe that people are self-motivated to perform work that is satisfying to them. Participative leadership specifically involves making sound decisions, sharing information with employees, and involving employees in the decision-making process. Leaders with a participative style encourage employees to run their departments and make decisions regarding policies and processes.

Drucker's assumption and belief are assumptions about an organizational environment that defined what organizational leaders consider meaningful results. His assumptions about care competencies defined where an organization must excel to maintain effective leadership. By the end of his life, Drucker acknowledged that leadership was important. But for an organization to achieve strong results, it needs both leadership and management to be present. However, this book will focus on becoming a great leader.

So often you hear the phase, "he/she was born a leader." Out of curiosity, I communicated with my mother in regard to this phrase. My mother told me that I was born a leader, which made me question if age should be a factor in leadership. Of course, there is some debate about whether some children are born leaders. Research by the psychologists Susan Murphy and Stefanie Johnson indicates that all children have the potential to develop leadership skills. In their recently published review of the "early seeds of leadership," they suggested that leadership tasks and skills can be developed as early as two years of age.

It was strange for Murphy and Johnson to reference Sigmund Freud in their findings. A leader's early childhood experiences, and related hopes, fears, and desires, were believed to be highly influential, according to

Freud. Sigmund Freud was an Austrian neurologist who is perhaps most known as the founder of psychanalysis. Why did I mention that it was strange to reference Freud, whose well developed set of therapeutic techniques centered on talk therapy that involved the use of strategies such as transference, free association, and dream interpretation, which I feel are all high logical things for a child?

CHAPTER 1

Leaders Are Leadership

The workplace situation, the need of the company, the personality of the employees, and the culture of the organization are all a product of a solid leadership foundation. Leadership is important. And it is also important to remember that the leader's job in the organization is to create the desired future for the organization.

This means that leaders within the organization need to develop intimate involvement with the strategic directions of their company. That will, of course, require the leaders to examine the role of organizational learning capabilities, to examine the links between gaps that exist and in terms of exploring factors that involve the future of the organization.

In addition to examining the role of organizational learning capabilities, the implementation of effective, strategic leadership practices could help business leaders enhance performance, while competing in turbulent and unpredictable environments. This encourages leaders to focus on the role of their job, which is to create the desired future for the organization. This is done through the development of goals that encourage leaders to strive for and achieve a personal goal, based on a derived theoretical framework and propositions.

And one of the biggest distractions for a leader is getting caught up in organizational politics. They play an important part in the leader's integrity, and their character becomes a focal point. Rising above organizational politics requires redefining success and progress and advances the view that many employees choose to have in highly political workplaces.

Leaders in such workplaces draw out the differences between workplace ethics and workplace politics. The difference between the two is that workplace ethics adds value to a business's bottom line, whereas workplace politics does not.

So, leaders following a business leadership model should consider building quality initiatives, leadership efficiencies, and maximum use of employee strengths into day-to-day operations. And leaders need to monitor the financial and nonfinancial job characteristics of those operations. The leader needs to understand the importance of

- building quality initiatives
- leadership efficiencies
- maximum use of employee strengths
- financial and nonfinancial job characteristics

All the above plays a part in the leadership integrity of character and leaves workplace results, which shows that mutual gains are pessimistic and constrain mutuality perspective. And one of the results is to reduce stress because stress can be a factor and have a part in the integrity and character of leadership.

An example would be the conceptual and empirical study on a targeted economy during a downward spiral. The downward spiral caused a decline in consumer confidence, a rise in unemployment, lack of access to affordable health care, and a crisis in the organization financials.

Therefore, communication should be a focus point in the workplace. And it is an important part of leadership. Humans have communicated with each other in many different forms since time immemorial. The history of communication can be traced to the beginning of speech, circa 100,000 BCE. And the origination of communication symbols is traced back to 30,000 BCE.

Several symbols used over the period were cave paintings, petroglyphs, pictograms, and ideograms. The process of communication is a cyclic one. It begins with the sender and ends with the receiver, whereas the receiver can or cannot communicate back. Communication can range from very subtle processes of exchange, to full conversation, to mass communication.

And communication between leaders and employees is not effective unless it is positive between leadership and management. Communication helps leaders in organizing workers—to maximize efficiency, nurture skills, develop talent, inspire results, and strive to balance diverse often-contradictory demands of various public programs. And public programs may be organized by the business community of the organization.

So communication must be effective, and effectiveness starts with understanding the skill set of the people who work for you. Communication helps leaders place their employees in the right positions to succeed. And it assists in setting the tone of the environment and building the culture of the organization.

And membership is that environment and culture. And it can be based upon your leadership style. Six different types of leadership styles can be used, and each one relates to the Peter Drucker leadership philosophy.

Drucker is hailed as the father of modern management. He formulated a theory that is still used today and believed that leaders should, above all else, be leaders. Rather than setting strict hours and discouraging innovation, he opted for a more flexible, collaborative approach.

Coercive Leadership Style

The coercive leader demands immediate compliance with their orders. They have a style that is best described as, "Do what I tell you, or else." Words used to describe this kind of individual include

- relentless
- overbearing

- unyielding
- persistent
- harsh
- ruthless

Authoritative Leadership Style

This is when the leader is in complete control. An authoritative leader is one who sets the goal, determines the processes, and oversees all steps it takes to reach those goals, with little or no input from team members. An authoritative leader mobilizes a team toward a common vision and focuses on end goals, leaving the means up to others. Some of the main characteristics include

- little or no input from group members,
- leaders making the decisions and dictating all the work processes and methods, and
- group members rarely trusted with important tasks or decisions.

Affiliative Leadership Style

This is one of the six emotional leadership styles. This method, along with visionary, coaching, democratic, commanding, and pacesetting styles, directly impacts the emotions of employees. The popular traits of this style promote emotional ties between employees and their employers.

An affiliative leader works to create emotional bonds that bring a feeling of bonding and belonging to the organization. They focus on conflict resolution and promote harmony among their followers. This type of leader will also build teams that make sure followers feel connected to each other.

Democratic Leadership Style

Democratic leadership, also known as participative or shared leadership, is a style in which members of the group take a more participative role in the decision-making process. It builds consensus through participation, in which everyone is given the opportunity to participate, ideas are exchanged freely, and discussion is encouraged.

While the democratic process tends to focus on group equality and the free flow idea, the leader of the group is still there to offer guidance and control. The democratic leader is charged with deciding who is in the group and who gets to contribute to the decisions that are made.

Pacesetting Leadership Style

Pacesetting leadership is when the leader sets an example of high performance, pace, and quality. Team members are expected to follow suit, and the leader values results more than anything. A pacesetting leader expects and models excellence and self-direction. This style works best when the team is already motivated and skilled, and the leader needs quick results. These are the elements of pacesetting leadership:

- Self-motivation. A pacesetting leader is highly self-motivated. They have a strong desire to succeed and set standards of extreme performance and perfection.
- Clearly communicated requirements. There is no room for ambiguity. An effective pacesetting leader knows that high quality cannot be expected from a team if requirements are unclear. Therefore, this leader will begin each project by ensuring that requirements are clearly understood, before asking employees to complete their assigned tasks.
- Initiative. Time is always working against the lofty goals that pacesetting leaders strive to achieve. Therefore, they use great initiative, to get things done as quickly as possible. An employee who is not keeping up with the leader's fast-paced approach may

be asked to step aside, so that the leader can take over. There is no time for tasks to fall behind.

- Trend-setting. A pacesetting leader leads by example. They set the trend for others to follow. Those who cannot keep up with the trend are often left at the wayside.

Coaching Leadership Style

Instead of making all decisions and delegating tasks yourself, as is the case in the autocratic leadership style, the coaching leader takes the lead, to get the best out of his or her employees or team. Coaching leaders can motivate and assist others, to grow their skills, become stronger, and work together more successfully. The coaching leader develops people for the future.

They can focus on communication logic. And there are four basic additional leadership styles to consider, when focusing on communication logic. The first is autocratic leadership. This is seldom effective in the workplace over a short period.

An autocratic style can be more effective when mixed and complemented with another leadership. There are both advantages and disadvantages to this style. The advantages are that it drives for rapid results, and it is effective when nobody else knows what to do. The disadvantages are when leaders use this style and do not build teams or communicate well.

The second leadership is democratic leadership, which is the acceptable side of management because all employees are given the opportunity to express their opinions. And discussions are relatively free flow. Training courses in effective management skills tend to promote many of the qualities because they help nurture talent, promote honesty, and develop teams over the longer term.

And the advantages are usually a good fit with business. It is useful in solving complex problems, good in creative environments, and builds strong teams. The disadvantages are that it is time consuming, can appear indecisive, and can become apologetic.

The third leadership is bureaucratic leadership. Even though many Americans dislike bureaucracy, a good organizational model will prevail. Most Americans either work in bureaucratic settings or cope with them, in schools, hospitals, the government, and so forth.

The advantages are that it discourages favoritism and has a positive effect on employees. The disadvantage is that it is democratic, and that blind adherence to rules may inhibit the exact action necessary to achieve organizational goals.

The final leadership is laissez-faire leadership. Laissez-faire, also known as delegating leadership, involves hands-off leadership and allows group members to make decisions. The advantage of laissez-faire leadership is that it can be effective in situations in which group members are highly skilled, motivated, and capable of working on their own. The disadvantage of laissez-faire is that it is not ideal in situations where group members lack the knowledge or experience they need to complete tasks and make decisions.

CHAPTER 2

US Corporate Leaders versus US Military Leaders

In the corporate world, leadership begins from the outside, whereas in the military, leadership begins from the inside. The biggest challenge leaders in the corporate world encounter is that the search for good leaders has gotten tough; it is taking longer to find and hire people and develop leaders. So, what do the corporate world leaders do to hold on to their leaders?

- Create a roadmap to success.
- Communicate to develop relationships.
- Temperature readings are essential in pinpointing errors.
- Put a heavy weight on performance reviews. Hold the performance reviews to (1) improve overall performance, (2) increase employee engagement, (3) identify promotion opportunities, (4) identify training needs, and (5) strengthen relationships and loyalty.

Training Program Framework Development

The corporate world creates training programs, with the framework development consisting of the following:

Needs assessment. This part of the framework development asks you to consider what kind of training is needed for leadership. The elements are

- organizational assessment
- occupational (task) assessment
- individual assessment

Learning objectives. Once the need assessment has been determined, you can set learning objectives to measure at the end of the training.

- Explain or demonstrate at the end of the training period.
- Good learning objectives are performance based and clear.
- The result of the learning objectives can be observable or measured in some way.

Learning style. The consideration of learning styles is important to the development of training programs. The styles are

- visual learner
- auditory learner
- kinesthetic learner

Delivery mode. Most training programs will include a variety of delivery methods, including

- on-the-job training
- mentor
- brown bag lunch
- web-based
- job shadowing
- job swapping
- vestibule training

Create and finalize budget: determine how much money you have to spend on this training.

- What will be the cost for the training?

- In addition to the actual cost of training, also consider the cost of production lost time by employees.
- Create an excel spreadsheet listing for all direct costs (materials, snacks, etc.), and indirect costs (such as employees' time).

Delivery style. Will the training be one-on-one, self-paced, or instructor led? Consider the following:

- The best style to deliver the training.
- Make training as interactive as possible, through auditory, kinesthetic, or visual.
- Implement methods such as online videos, podcasts, seminars, etc.

Know your audience. Understand the job responsibilities and how to make the training relevant to their individual jobs.

- How long have they been with the organization?
- What departments do the employees work in?

Make a decision on the content. How will the sequence of information be made or what are the needs of the individuals in training?

- Be able to define and explain the handling of materials in the workplace.
- Be able to utilize the team decision process model.
- Understand the definition of decision-making in the workplace.
- Understand and be able to explain the company policies and structures.

Create a timeline. What is the time length on the development of the training?

- In what time frame should an employee be able to complete the training?

- How much time do you think is needed for the training section?
- Take into consideration the fact that most employees do not have a lot of time for training, and keep the training time realistic and concise.

Decide on the type of communication. How will employees know the training is available to them?

- How will you communicate the material to the employees?
- Utilize methods such as the company intranet, email, etc.

Measure the effectiveness of the training: Measurement is done to gauge the effectiveness of your training. Donald Kirkpatrick model:

- Reaction. How did the participants react to the training program?
- Learning. To what extent did participants improve knowledge and skills?
- Behavior. Did behavior change because of the training?
- Results. What benefits to the organization resulted from the training?

US Military Leader/Leadership

I served fourteen years in the US Navy. My first two years were spent understanding how to lead, by being a good follower. Not only by following the directions that were given to me, but also by acknowledging and following the way the orders were given to me. So, when it was time for me to be a leader, I was ready; the time came sooner than most would have expected. I made ranks to the leadership level in two years.

I understood the concept of being a leader prior to enlisting in the US Navy, by being involved in team sports, such as basketball, baseball, and track and field. I was a captain in each of the sports I participated in, but that did not prepare me for leadership in the US Navy. I did not have to go through the leadership stages as an athlete on the sport teams I participated on; the best players were automatically considered leaders.

However, I learned while being a follower in the navy that there were certain qualities to being a leader in the military. A good leader in the US Navy was to always treat fellow sailors with dignity and respect, and to set yourself above the highest standards and hold yourself and everyone under your leadership accountable for maintaining them.

It is understood that senior military officers rate higher than their civilian counterparts on leadership. While I was serving on active duty and processing to discharge, I gathered research that shows senior military officials scored lower in management than their civilian counterparts.

Leaders in the military had a common basis of leading people in goal-oriented interaction. That interaction includes

- strategic leadership
- operational and tactical leadership
- goal management
- operations management
- project and project management

One of the most important qualities of a good navy leader was leadership by example.

I remember when I arrived at my first permanent duty station directly after completing boot camp. I was an undesignated recruit. An undesignated recruit is an individual enlisted through the Professional Apprentice Career Track (PACT) program; this program allows sailors to work at their first permanent duty station without choosing a job, given the opportunity to decide on the job they want later.

The three categories are seaman, fireman, and airman. My first permanent duty station was Kelivack, Iceland; my leader example was all three categories, and had me work in all three areas for three weeks apiece. After I chose a job in the seaman area, my leader took it upon himself to transfer me to the area. After watching him work with me and others and appreciating what he was doing for me, the first chance

I got to lead, I used the method that my first leader used. He displayed outstanding leadership by example.

After discharging from the military and working in corporate America for the first time, I noticed that the method of leading by example was heavily imbedded in the way I displayed my leadership skills in everyday processes. I also noticed that corporate leadership lacks the principle of accountability. If no one person is in charge and responsible, the organization holds no one responsible. One of the three legs of the stool of accountability is responsibility.

Leading by example is a great necessity to engage the employees in the workplace for reasons of personal development, customer service, production, and employee morale. I realized sooner than later that if I hired veterans who were leaders in the military, they would leave an immediate, decisive, and lasting impact on the workplace, because I was very much aware of their style of leadership, and that their form of leading would be leadership by example.

Leadership by example method of leadership:

- by being action focused
- by monitoring workplace arrival and departure
- by walking around communicating to employees
- by conducting spot coaching for employee development
- by using specific compliments
- by being open to change
- by highlighting others' success
- by having open communication
- by the way you dress and talk
- by conducting midterm and annual reviews or debriefs

Military Leaders throughout the Years

- King David—a very important figure to Jewish, Christians and Islamic doctrine and culture. In the Bible, David became the second king of Israel after Saul. In prophecy, the promised Messiah by God comes through the line of David, who is Jesus Christ.

- Sun Tzu—an ancient Chinese philosopher, strategist, and military general, who is said to have written the *Art of War*, an ancient Chinese text on military strategy.
- Alexander the Great—established one of the largest empires of the ancient world, with boundaries from the Ionian Sea to the Himalayas. One of the most successful military commanders, he was undefeated in battle.
- Macbeth—a king of the Scots who is best known from the fictional account by William Shakespeare. In the fictional account, he is portrayed as evil and ruthless. Actually, he was an able monarch who was greatly admired.
- Saladin—founded the Ayyubid dynasty. Kurdish Muslim who became the first Sultan of Egypt and Syria. At the peak of his power, his rule included Yemen, Hejaz, Mesopotamia, Syria, Egypt, and parts of North Africa.
- Genghis Khan—born as Temujin, established the Mongol Empire and became the Great Khan. The empire became the largest empire in history.
- Henry V—king of England, he acquired much military experience while fighting lords who rebelled against his father, Henry IV. After his father's passing, Henry quickly garnered rule of the country and initiated a war with France. His son, Henry VI, became the disputed king of France.
- Joan of Arc—led the French army to several significant victories during the Hundred Years War, which contributed to the coronation of France's Charles VII.
- Hernan Cortes—Spanish conquistador in the early sixteenth century. Led an expedition that felled the Aztec Empire and brought large portions of modern-day Mexico under the rule of the King of Castile.
- Oda Nobunaga—in the late sixteenth century, Nobunaga started the unification of Japan under the Shogunate, which ruled Japan until the Meiji Restoration in 1868.

- Peter the Great—in numerous successful wars, he expanded the tsardom of Russia into an empire, and Russia became a major European power.
- George Washington—a founding Father of the United States. Was the commander of the Continental Army during the American Revolution.
- John Paul Jones—Scottish sailor who became the United States' first well-known naval fighter in the American Revolution. Although he made enemies with a few American politicians, he was still honored for his skirmishes in British waters during the war.
- Napoleon Bonaparte—French military leader and emperor who rose to prominence during the French Revolution and associated European wars.
- Robert E. Lee—Confederate commander of the Army of Northern Virginia in the American Civil War. Lee was a great military leader and was honored even after his defeat in the Civil War.
- Ulysses S. Grant—successful war general in the latter half of the Civil War. His leadership brought the Union army victory over its Confederate opponents. Later became a US president.
- Theodore Roosevelt—twenty-sixth US president. Aside from politics, Roosevelt was famous for his achievements as an explorer, naturalist, hunter, author, and soldier.
- Adolf Hitler—chancellor of Germany. Ruled Nazi Germany as its dictator. The cause of Nazism, World War II, and the Holocaust.
- Dwight D. Eisenhower—thirty-fourth president of the United States and a five-star general in the US Army during World War II. Also, supreme commander of the Allied Forces in Europe.
- Mao Zedong—Chinese communist revolutionary, politician, and political theorist. Founder of the People's Republic of China. He slowly rose to power during a period of great conflict and strife in China.
- Fidel Castro—Cuban communist revolutionary and politician. A key figure of the Cuban Revolution. Castro was politically a

Marxist-Leninist. Cuba became a one-party socialist state under his administration.
- Colin Powell—Four-star general in the US Army and American statesman. He was the first African American to serve as the US Secretary of State, serving under President George W. Bush.

Military leaders follow the leadership principles as well as several educational and inspirational historical examples, which may or may not correlate with a disciplinary article listed under the Uniform Code of Military Justice (UCMJ), such as the following:

- Lead from the front.
- Have self-confidence, not egoism.
- Have moral courage.
- Have physical courage.
- Foster teamwork.
- Have fitness and energy.
- Be aggressive and bold.
- Take care of the military personnel.
- Be a student of the past.
- Be decisive.
- Show determination.
- Have a strong character.

These are principles of US military leaders:

- Nothing happens without example, even if the example is your own.
- Teach the basics … then teach them again.
- Take frequent moments to acknowledge and recognize the sacrifices your service members and families are making.
- Nothing is more important than accomplishing the mission … except for taking care of your people.
- The best leaders can show, when appropriate, both confidence and humility.
- Good ideas have no rank.

LEADERS BECOME LEADERSHIP

- Leadership is not a thing; it is a relationship.
- Never let the sun go down on a service member's pay problem.
- Take care of the little things, and the big things will take of themselves.
- A core function of every military organization is to develop leaders.
- Everything takes eight times as long as you think it will.

The US Army includes the following leadership principles:

- Always treat people with dignity and respect.
- Earn and build the trust of your soldiers, civilians, peers, families, leaders, and the public.
- Set the highest standards and hold yourself and everyone in your organization accountable for maintaining them.
- Communicate horizontally and vertically, openly, transparently, and fairly.
- Mentor, evaluate, and recognize your team members honestly and fairly.
- Read and reflect on the army profession, your branch, your organization, and your mission.
- Maintain balance by devoting time to your family and community.
- Have energy.
- Be decisive.
- Be selfless.

These are Colin Powell's leadership principles:

- Being responsible sometimes means pissing people off.
- The day soldiers stop bringing you their problems is the day you have stopped leading them.
- Don't be buffaloed by experts and elites. Experts often possess more data than judgment. Elites can become so inbred that they produce hemophiliacs who bleed to death as soon as they are nicked by the real world.

- Don't be afraid to challenge the pros, even in their own backyard.
- Never neglect details. When everyone's mind is dulled or distracted, the leader must be doubly vigilant.
- You don't know what you can get away with until you try.
- Keep looking below surface appearance. Don't shrink from doing so (just) because you might not like what you find.
- Organization doesn't really accomplish anything. Plans don't accomplish anything, either. Theories of management don't much manner. Endeavors succeed or fail because of the people involved. Only by attracting the best people will you accomplish great deeds.
- Organization charts are frozen, anachronistic photos.
- Never let your ego get so close to your position that when your position goes, your ego goes with it.

CHAPTER 3

Ethical and Unethical Behavior

Ethics could have come into existence only when human beings started to reflect on the best way to live. The 1960s brought the first major wave of changes in business ethics. Today, organizations respond to the different issues of business ethics by bringing their ethical tenets in line with new social norms.

Ethics in the US military are standards by which one should act based on values and primary ethical values, which include the following:

- honesty
- integrity
- loyalty
- accountability
- fairness
- caring
- respect
- promise-keeping
- responsible citizenship
- pursuit of excellence
- ethics and conflict of interest prohibitions
- compensation from other sources
- communication systems
- writing for publications
- prohibited activities

One of the main reasons that the US military enacts ethical standards and guides is to create uniformity in what military members do and how military members act. Drucker's theory can be applied effectively in US military contexts and in times of stress or emergency. Drucker's theory advocates a one-way communication style. The downside to one-way communication is that it does not allow for fresh ideas to be generated.

One-way communication in a working environment may cause fear and resentment, which could lead to high absenteeism and high turnover, which hinders innovation and slows down creativity. Drucker's theory involves employees at all levels of the organization, and it also includes a series of management philosophies, such as slow promotion, outdated evaluation procedures, long-term job security, individual responsibility that involves a group context, and consensual decision-making.

As the world has moved toward a more technologically savvy and dynamic model for organizations, the age of leadership is less relevant than their ability to adapt, their energy, and their brilliance. The conventional approach to managing leadership has three major propositions:

1. Managing materials and flow of information, in which the utilization of material flows and flow charts are used. Let's use a warehouse as an example; warehouse flow responds to one of its basic characteristics, since products stay temporarily inside a warehouse, and everything received into the warehouse must exit. The different material flows can be illustrated through simple flowcharts or flow diagrams:

- simple flows, in which receipt = storage = dispatch
- medium flows, in which receipt = general storage = picking area = consolidation = dispatch
- complex flows, in which receipt = reserve warehouse = space allocation = handling = preparation of orders = quality control = consolidation = dispatch

2. Economic growth and prosperity, in which a policy of economic growth will increase employment. In addition, employment may be

increased even with uneconomic industrial units. Again, promotion of economic growth through basic and heavy industries may not generate many employments.

3. Controlling spending, which consists of cost savings, areas of focus, and practical objectives. Areas of focus include

- labor
- operations
- optimize equipment use
- safety
- continuous improvement
- technology

Practical objectives include

- communicating effectively and often
- standardizing your process
- measuring what matters for continuous improvement
- using the five-step approach
- involving, aligning, and empowering your associates
- educating your leadership team to take appropriate corrective action, make decisions, and gather necessary information
- creating a strong training and safety program
- looking at variation to increase productivity
- having occasional team meetings to review goals and objectives
- finding the right level of automation and systems

Leadership involves leading a workplace of ethics. Ethics is the moral code that guides the behavior of employees with respect to what is right and wrong regarding conduct and decision-making. The perception of ethical behavior can stimulate positive employee behaviors that lead to workplace growth, just as unethical behavior in the workplace can inspire damaging headlines that lead to workplace demise.

The single most important thing that an organization can do to encourage ethical behavior is to implement a proactive employee voice system and use the voice of the employee tools to proactively give employees the capacity to be hard.

To get a better understanding of the relationship between organizational leaders and ethical behavior, you must first understand the connecting words such as these:

- leaders—individuals who lead organizations
- leadership—the act of leading an organization
- decision-making—the action of making decisions
- ethical behavior—the act that is consistent with what society and workplace individuals perceive are good values or code of ethics, such as, honesty, integrity, leadership and respect for others, accountability, openness, and fairness
- unethical behavior—the action that falls outside of what is considered morally right, such as abuse of leadership power, misusing company time or time theft, theft of merchandise, discrimination and harassment, unlawful conduct, cell phone misuse, disregard of company policy, and deliberate deception

Leaders use leadership to modify the behavior of individuals; some view this as controlling the actions of individuals. But leadership is about influence not control; control is an illusion; you cannot control anyone, but you can influence just about everyone. This, of course, is the essence of true leadership.

Let's look at a few great leaders. Jesus Christ, which is the designation of Jesus of Nazareth (d.c. 30 CE), who was an itinerant Jewish prophet from Galilee in northern Israel. He preached the imminent intervention in human affairs by the God of the Jews, when God would establish his kingdom on earth. The proper name Jesus was Greek for the Hebrew Joshua ("he who saves").

Mahatma Gandhi was an Indian lawyer, politician, social activist, and writer who became the leader of the nationalist movement against the British rule of India. As such, he came to be considered the father of his country. Gandhi is internationally esteemed for his doctrine of nonviolent protect (satyagraha) to achieve political and social progress.

Martin Luther King Jr. was a social activist and Baptist minister who played a key role in the American civil rights movement. King sought equality and human rights for African Americans, the economically disadvantaged, and all victims of injustice through peaceful protest.

The three leaders—Jesus, Gandhi, and King—were great leaders, but they had control of virtually no one. Yet their influence changed the course of history. They did not focus on controlling; they figured out how to expand their influence by using four methods:

- Focus on yourself. "If we could change ourselves," Gandhi said, "the tendencies in the world would also change. As a man changes his own nature, so does the attitude of the world change towards him."
- Take the initiative. Be the first to act in a particular situation.
- Cast the vision. Often our employees do not do what we want because we have not invested the time to paint the vision.
- Appreciate the effort. At the end of the day, everyone is a volunteer. Yes, even the employees who report to you either directly or indirectly. They have more options than you think. If you do not appreciate them, someone else will.

For leadership to modify the behavior of individuals, they must understand that the road to successful company results is directly tied to the effort of the employees. Understand that good leaders recognize employees, but great leaders appreciate them, meaning that to recognize means to acknowledge formally and to appreciate means to value or admire highly.

Therefore, eight (nonmonetary-based) ideas that you can most commonly demonstrate to your employees to show that you value and appreciate them are the following:

- Say thank you. These simple words, when offered repeatedly with sincerity, can strengthen social connections and build trust between a leader and his or her employees.
- Acknowledge your employees publicly. This shows the entire organization the value you, as the leader, place on the accomplishment of your employee, and it also gives the employee visible credit for the achievement.
- Challenge your employees with meaningful responsibilities. This gesture will show your employees that you trust their judgment, their capability, and their ability to deliver stellar results.
- Be there when your employees need you. Give your employees your time.
- Allow your employees to challenge you. Encourage your employees to openly share their opinions with you, even if they are not in line with your own.
- Motivate your employees. Notice when someone is doing the right thing. Get to know your employees. Group recognition is as important as individual recognition. And have fun.
- Proactively seek the guidance of your employees. By seeking their guidance, you will get insight into their thinking, thought processes, and judgment, which brings me to my eighth and last point.
- Mentor your employees. Taking on an employee as a mentee deliveries a significant psychological message to that employee; it says, "I am genuinely interested in you," "I think you are worth my time," "I have a vested interest in your development and success."

For many business leaders, the best solution to an ethical dilemma is to have a predetermined role, objective principle, and principle reformulated as corporate policy. Drucker described ethical behavior as a reflection process and a communal exercise that concerns the moral behavior of individuals based on an established and expressed standard of individual values. Ethical behavior should be an absolute requirement of all organizational leaders.

Employees' moral behavior tends to show higher validity than knowledge-based measures. Drucker did not write a lot on ethics, but he did mention that the standard of one's behavior in business should be no different from the standards that apply to the individual in life in general. Drucker noted that ethics has traditionally involved applying principle-based reasoning and philosophy that connects to the complex problems associated with conducting business.

Leaders of organizations have a responsibility to uphold the highest standards of ethical behavior and responsibility. Responsibility indicates that corporate leaders are most at fault for ethical or unethical company behavior. Only individuals can be responsible, and not corporations.

Drucker contended that there is no such thing as business ethics, but what does exist is casuistry. He clarified his statement in regard to no such thing as business ethics in an article titled "The Matters of Business Ethics." Drucker imputed contemporary business ethics as a form of what he considered casuistry. Contemporary business ethics has a special code of ethics for people in positions of power who are required, or expected, to do certain things in the name of social responsibility.

Several situational variables have an influence on a leader's decision toward unethical behavior. When making a decision on performance, unethical issues, or interpersonal conflict, leaders should take their time and be careful; let the process work, starting with an investigation, to prevent making bad decisions. There is a need to develop conceptual clarity on the subject of unethical behavior and the breadth of the context of ethical challenges, but also note the concept of moral responsibility is in business ethics.

Effective leaders believe that leading employees to build good relationships is based on trust, acting with integrity and transparency. The result of these actions is sustainable success; therefore, ethical leadership yields the result of employees treating each other with sincerity. The role of ethical leaders is to ensure that employees recognize the value of adhering to standards for business conduct.

When employees trust each other, they tend to focus more on getting the work done. In addition, when leadership is reliable and admits mistakes, employees tend to have confidence in leadership. Integrity improves employees' morale, job satisfaction, and loyalty; therefore, an effective leader should honor commitments; for example, an ethical leader chooses not to use information against another employee, if the information was obtained in confidence behind closed doors.

Ethical leadership builds relationship by enabling employees to have fair and equal opportunity for promotion, following local, state, and federal regulations that prohibit discrimination for ethnicity, gender, or age. This sort of behavior creates and maintains a safe work environment for the workforce.

Transparency is huge in the workplace; this is when subordinates watch the leader closely to decide how to act. Transparency requires that leadership watch the leader closely to decide how to act. Transparency requires that leadership accept input from subordinates. Leadership should also consider how their actions, such as transformational activities, leadership changes, strategic goal modifications, and policy adjustments may distract employees from staying focused.

For many business leaders, the best solution to an ethical dilemma is to have a predetermined role, an objective principle, and a principle reformulated as corporate policy. Ethical behavior can be described as a reflection process and a communal exercise that concerns the moral behavior of individuals based on an established and expressed standard of individual values. Ethical behavior is a requirement of all organizational leaders.

Employees' moral behavior tends to have higher validity than knowledge-based measures. The standard of one's behavior in business should be no different from the standards that apply to the individual's behavior outside the business environment. Ethics has traditionally involved applying principle-based reasoning and philosophy that connect to the complex problems associated with conducting business.

Aristotle defined ethics as practical wisdom, because it involves an action, both at the individual and corporate level. Aristotle is a Greek philosopher who made significant contributions that have last throughout time to human knowledge, logic, biology, ethics, and aesthetics.

Aristotle also stated that ethics related to what should or should not be done regarding things that may be good or bad for an individual. Aristotle stated that we are not studying to know what virtue is but to learn how to practice at something to become efficient in that area.

Drucker listed four viewpoints that affect the outcome of ethical behaviors in the workplace. The first viewpoint is cost–benefit ethics, in which a leader has a higher duty to confer benefits on others. This viewpoint is called the ethics of social responsibility, and note that it was too dangerous to adapt as business ethics because business leaders can use it as a tool to justify accepting unethical behavior.

The second viewpoint is the ethics of prudence, which means to be careful or cautious. The approach that presented did not address anything about the right kind of behavior; the leader must make decisions that are risky and that may be difficult to explain. Drucker thought that this approach was good for leaders and that it would help develop self-management of an individual behavior. However, ethics of prudence is not much of a basis for ethical business decision-making.

The third viewpoint is the ethics of profit, in which it would be socially irresponsible and unethical if a business did not show a profit at least equal to the cost of capital. The profit is an ethical metric that rests on very weak moral grounds.

The final viewpoint is called Confucian ethics, which is the demand for equality of obligations of parents to children and vice versa or of bosses to employees and vice versa. Drucker pointed out that Confucian ethics cannot apply to business ethics. The Confucian ethics system includes individuals, not groups, and according to Confucian ethics, only the law can handle the rights and disagreement of groups.

Corporate social responsibility means that leaders may choose responsibilities most relevant to them; stakeholder responsibility indicates that other parties have responsibility toward the organization, and social responsibility is a belief in the notion of shared responsibility for the common good.

Corporate executives are not free to engage in social responsibility, note; the social responsibility of a business is to use its resources and engage in activities designed to increase its profit. To increase profit, business leaders must stay within the rules of the game, which involves engaging in open and free competition without deception or fraud.

Leaders should take responsibility for the same code of ethics as employees and should not reduce their unethical activity to employees or cost benefit analysis, note; one ethic should apply to all situations, regardless of status. Drucker stated that contemporary authors in business ethics who advocate a return to ethical principles as a foundation for leaders making effective decisions that relates to traditional principle-based ethics.

Contemporary authors in business ethics recommend that leaders valuate the strengths and weaknesses of ethical and unethical approaches. Research by Toubiana and Yair (2012) indicated the continued viability of the field of workplace ethics. Ethical behavior guidelines in the workplace often include a high level of importance on dedication.

Unethical behaviors enable workers to feel a strong alignment between their values and those of the business. Workplace ethics direct organizational leaders to achieve superior financial performance and productivity in harmony when facing unethical issues. The organization systems approach includes the best practices for determining unethical decision-making by leaders.

Workplace ethics guide leaders to make sound decisions regarding business ethics. Dyck (2014) concluded in a study involving thirteen interviewers with prominent Sri Lankan business leaders; 87 percent of the leaders stated workplace ethics affected their ability to make sound decisions. One hundred percent of the leaders used an array of leadership tools to make effective decisions in the workplace. The results showed that workplace ethics played a significant role in influencing the Sri Lankan leaders' ability to make decisions.

A study on workplace ethics in the United States included personal interviews, a literature review, online research, and survey questionnaires covering fifteen years of data ranging from 1995 to 2009. The results of the study conducted by Petrick et al. included data from 150 respondents out of 325 surveys, which represented a 46.2 percent response rate.

Ethical leadership had a negative association with bullying. Researchers of workplace bullying have not examined the relationship between bullying and workplace ethics, and the examination of bullying may reveal patterns of negative interaction. An account of a direct relationship between organizational change and bullying revealed certain regression analyses that affected job insecurity, frequency of conflict, role conflict, social leadership, workload, role ambiguity, and social support from colleagues.

Bullying in the workplace is undesirable. A leader's practice and role conflict are potent predictors of workplace bullying. Environmental conditions create a climate that can encourage workplace bullying. The appropriate level of inference regarding environmental conditions is the work group. Research on bullying showed that a relationship might exist between leaders, workplace ethics, and perception of bullying. While associating bullying with unethical behavior, leaders used noninterventionist leadership as a predictor when observing bullying.

The association of bullying with paternalistic leadership dimensions could lead to negative organizational outcomes and unethical practices at work. Drucker used examples such as bullying and counterproductive behaviors. Workplace ethics has both practical and foundational problems. Leaders' ability to make sound decisions regarding practical and foundational bullying problems involving ethics in the workplace increased to 86 percent in companies in 2010 compared to 49 percent in 1999 (Kaptein, 2011).

Leaders should consider that ethics help workers cope with stress. Struggles can occur at the organizational level, where employees experience private ethical struggles at work. Ethical struggles at work consist of (a) the pursuit of virtue, (b) anger toward a high power of fellow employee, (c) crises of meaning, and (d) shifts in belief. In addition, other conflicts could surround interpersonal disagreement in ethical belief and value as leaders make decisions on how to encourage expression of ethics in the workplace.

Workplace ethics is a control measure for unethical behavior in the decision-making process; note that effective leadership in society involves integrating decision-making with the style of the leader. Drucker indicated that the principle of decision-making could be a useful complement or alternative to analytical decision-making, and the principle of decision-making may or may not involve ethics.

Ethical decision-making involves using ethical principles to make decisions. Note that the principle of decision-making could include all kinds of principles, such as the act of including unethical principles or decisions that lead to unethical outcomes. Note also that the principle of decision-making is essentially a two-step process. The first step is selecting and communicating the right principle to which decisions must adhere, and the second step requires the decision-maker to apply the appropriate principle.

The purpose of leadership within that organization should be to transcend the individual ethics of the capitalist ideology, which are self-interest and profit maximization. The general workplace setting can be a learning environment, where a business leader connects learning with ethical behavior.

The influence that organizational commitment may have on leaders is enhanced from unethical behavior climates. Organizational commitment affects employees' job performance, citizenship behavior, retention, and emotional well-being. The most effective way to measure climate is to measure the determinants of climate in the workplace. Determinants of climate in the workplace include areas such as communication, social capital, trustworthiness, management decisions, and implementation of effective workplace management.

Whenever organizations get into trouble, especially if they have been successful for many years, people blame sluggishness, complacency, arrogance, and mammoth bureaucracies. Drucker indicated that it was no longer only business ethicists who were calling for a return to virtue, character, and integrity; instead, it was the American public. The manifest callousness of leadership, decision-making, and ethical behavior that is prevalent in the business milieu is like the business practices that enabled the generation of the Rockefellers.

The outcome of the Rockefellers' generation is that business leaders focused on managing the bottom line and lost a sense of responsibility for the well-being of the employee and society in general. Losing perspective often results in poor judgment and imprudent decision-making. The most important factor mentioned by Drucker that determines whether a leader will be effective is integrity of character.

Developing a program to demonstrate the contrasts between ethical and unethical values establishes the first step in creating a company culture that emphasizes and reinforces ethical standards. There are many different approaches to maintaining ethical behavior, and none is 100 percent compatible with what I consider business ethics so far in this research. Drucker struggled in deciding on which approach, and he finally arrived at basic ethical principles that were essential because he believed that ethical behavior was an absolute requirement of all organizational leaders.

CHAPTER 4

Decision-Making

The theory presented by Drucker is the most prominent of theories and practices that define the comprehensive system of management. The theory presented by Drucker also addresses the satisfaction of lower-level needs such as incorporating group processes in decision-making, the satisfaction of supporting employee needs, and encouraging employees to take responsibility for their work and decisions. When employees take responsibility for their work and decisions, they satisfy high-level needs and often increase productivity.

Drucker theory may be the most prominent of theories and practices that define the comprehensive system of management, but Chester Barnard's understanding of the importance of decision-making is the most usual. He stated that decision-making should replace the narrower descriptors, such as "resource collection" and "policy-making." Keep in mind that Barnard was a retired telephone executive and author of the book *The Functions of the Executive.*

Decision-making is the foundation of every management and business activity. The toughest part about decision-making is that it contends that entrepreneurs and leaders do not achieve more than 50 percent correct results in their decision-making or problem-solving skills. Good decision-making starts with a purposeful, consecutive, and strategic thinking process.

Of course, good decision-making comes with some form of stress, which invites a lot of thinking. Thinking is known as the ultimate human resource. A good decision is not an accident; it is always the result of high intention, sincere effort, intelligent direction, and skillful execution. A good decision represents a wise choice among many alternatives.

If you consider decision-making in the military, you make references to the military by power and strength; however, the military relies on quick and decisive thinking. Every military recruit is taught and trained about the seven-step military decision-making/problem-solving process.

This systematic approach is believed to be the best way for military members to address any problems that they encounter:

- Pinpoint the problem.
- Identify the facts and assumptions.
- Craft alternatives.
- Analyze the generated alternatives.
- Weigh between the generated alternatives.
- Make and carry out for final decision.
- Evaluate the results from your decision.

A significant part of decision-making skills is in knowing and practicing good decision-making techniques. Nine principles of decision-making, are

- assigning priorities, setting period, and gathering and reviewing up-to-date cold facts
- painting a scenario of the desired outcome
- weighting the pluses against the minuses
- exploring the ramifications for all involved
- using individual wisdom and having courage
- going with individual gut instinct and decide
- putting the decision into action
- evaluating the outcome of the decision
- taking action step

Leaders can make as many as a hundred or more decisions in a day, which may lead to the following seven principles to guide a leader into making the right decisions:

- time them
- align them
- balance them
- use instinct
- do not decide without acting
- keep your decision under review

Decision-makers encounter decision points on a continuous basis, therefore the use of copious data would suffice. Copious data are available for evaluating and determining the potential effectiveness of data use to inform decisions. The impact for developing data for decision support systems is a focus and involves technological intervention.

One of the processes for decision-making is creating a list of advantages and disadvantages, in which the magnitude of the decision may depend upon the situation, such as moving, making changes, starting a new job, selling or purchasing something, or replacing an item. Whatever the situation is, it will involve selecting or developing options, which leads to decision-making. Note that an individual is not born knowing how to make decisions; however, an individual may learn how to make decisions from watching others make decisions.

The only theorist to mention the ability to be an effective decision-maker is Drucker, who noted that an individual can be an effective decision-maker, and this is something that leaders can learn.

Opinions do not foster consensus; rather, they foster dissension. Before following up on situations, leaders should take the time to recognize or identify the context that governs that situation. A leader's behavior and approach characterize the most effective style of achieving high-quality results from the decision-making process.

Integrating the ability to make decisions to unethical behavior in the workplace by leadership allows leaders to apply logic and analytical skills. Note, the key to applying logic and analytical skills is to influence long-lasting change in leaders; in addition, leaders will need to upgrade their style and approach to managing their people. This approach would be an effective way to identify the critical competencies necessary to make effective decisions in the business workplace.

Identifying the widespread emergence of unethical decision-making in management is an important topic for future research in understanding when leaders are likely to make unethical decisions. The two main factors that influence ethical issues are the level of intercollegiate trust and employee conceptualization of business ethics.

Decision-making is, of course, an executive task, and effective executives do not make many decisions; they concentrate on the important ones. Note that elements of the decision-making process may (a) create a generic situation or a special situation, (b) state what the solution must accomplish, (c) build into the decision the action to carry it out, and (d) determine feedback that tests the actual results against the desired results.

It has also been stated that executive salaries do not include doing things executive like to do; rather, their salary involves getting the right things done, including their specific task. Executives believe that employees expect their leaders to know the daily routines to sustain their institutions.

But if we follow the opinions of the Industrial Organizational Psychology and Organizational Behavior Researchers and Practitioners, we will certainly analyze workplace decisions to increase the application of theories, findings, and techniques from judgment and decision-making.

Noted that, conversely, business leaders welcome disagreement and suggestions for alternative solutions from their employees to propose decisions, which then apprise the leader of other potential solutions for the problems at hand; however, leaders need to consider whether certain organizational activities are still viable and worth continuing.

Statements concerning the development of decisions by leaders could only be effective using a decision theory. Decision theories concern the study of preference, uncertainties, and other issues related to making optimal or relational choices. Economists, psychologists, philosophers, mathematicians, statisticians, and computer scientists have all discussed the effectiveness of decision theories.

Let's break down the decision theory, beginning with the payoff table. The payoff table is the basic formalism of a decision theory that connects by mutually exclusive states of nature and with the connection of mutually exclusive decisions. Decision theory can be normative or descriptive. Normative decision theory refers to theories about how leaders should make decisions if they want to maximize expected utility. Descriptive decision theory refers to theories that are complex and help teach the ways human decisions systematically go wrong.

In challenging times, good decision-making becomes critical. The best decisions are made when all the relevant data available is taken into consideration. Principles of decision-making include the following.

Gathering and Receiving Facts

- Get all the current details.
- Ask these five questions: What? When? Why? Where? and How?
- Explore inconsistencies and gaps.
- Use summarization to check your understanding of all facts found.
- Prepare a chronology.
- Keep a discrimination, favoritism, or misconduct diary.
- Prepare a list of all current and past events/actions.
- Identify potential claims and time limits.

Painting a Scenario of the Desired Outcome

This prompts you to develop a goal-specific desired outcome, relevant program activities to reach the goal, and a logic model that displays all these elements. A logic model is

- a visual map of the route,
- a flow chart of building blocks, and
- a way to easily see whether there are any gaps.

Weighing the Pluses against the Minuses

Profound questions may be raised. There are fundamental philosophical, social, political, and economic issues to be considered. These issues may not be practical, but they can help us think more clearly about the assumptions we make in deciding whether to support the company objectives and what variables should be included in the equation.

Exploring the Ramifications for All Involved

The ramification of a decision, plan, or event are all its consequences and effects, especially ones that are not obvious at first.

Using Individual Wisdom

Aristotle believed in two types of wisdom: theoretical wisdom, which explores that we can change through making good choices, and practical wisdom, which involves the exploration of things we cannot change, but we can seek the truth.

Having Courage

This is when you have the means to face your fears and move through them and past them; this is done by not letting your fears be perpetually connected to you and by not letting them define you.

Following Your Instinct and Making Decisions Based upon Them

This is being able to use your gut instinct together with a simple decision-making strategy to help in making equally good but faster decisions.

Putting Your Decisions into Action

This is when your decisions are put into action based upon findings and facts.

Evaluating the Results of Your Decision and Steps of Action after a Decision Is Made

This is when you form a decision that involves identifying and assessing all aspects of your decision and taking the most favorable actions based upon the decision made.

Decision theory has four types of criteria:

- Expected value or realist, whereas the expected value picks the largest expected value after the nature.
- The maximax, also called optimist, picks the largest value after considering the best result that could happen under each action.
- The maximin or pessimist picks the largest payoff after looking at the worst that could happen under each action.
- The minimax or opportunist stage decision-making relates to opportunistic loss. Minimax requires the use of a loss table, which means that the final calculations require an individual to take the minimum of the minimax or the best of the worst losses.

The following is an example for decision theory.

Let's say that Dr. Emmett owns a small business solution company that contracts out his business only between September and January, and he must contract out for the four months in advance. Contract for his services must be in quantities of twenty, and the cost per contract is $70. He purchases contracts in quantities of forty for $67 per contract, sixty for $65 per contract, or eighty for $64 per contract. The contracts will sell for $100 each. The remaining contracts at the end of the four months will sell at a reduced price of $45 each.

If the business does not get the projected number of contracts during the four months, if Dr. Emmett does not agree to the contract within the four months, he will suffer a goodwill loss of $5 per customer. The estimated demand per customer per contract during the four months is in quantities of ten, thirty, fifty, and seventy contracts with probabilities of .10, .20, .30, and .40. The next step will be to determine the available actions: purchase twenty, forty, sixty, or eighty contracts. Decision theory shows that a person has control over which action he or she chooses.

The outcomes of decision theory are on the state of nature. The state of nature will consist of four possible areas over which an individual has no control. The state of nature will allow the basis of planning to be the appropriate decision criteria, whether the demand is ten, thirty, fifty, or seventy contracts. Table 1 includes the number for each state of nature. Table 1 also shows the probability of the occurring state.

Table 1
Payoff Table

	Action			
State of Nature	Contracts 20	Contracts 40	Contracts 60	Contracts 80
Demand 10 (.20)	50	-330	-650	-970
Demand 30 (.40)	550	770	450	130
Demand 50 (.30)	450	1270	1550	1230
Demand 70 (.10)	350	1170	2050	2330

The current numbers for the business in gathering contracts will reflect previous year numbers. For example, when the demand was fifty, Dr. Emmett contracted out sixty at $65 each for $3,900. The results would be negative because that was money spent; however, when Dr. Emmett contracted out fifty trees at $100 each for $5,000, he had ten contracts remaining at the end of the four months. The contracts obtained at a reduced price of $45 each, which made the total $450. The four-month total was $5,000 + $450 − 3,900 = $1,550.

Another situation would be if the business had a demand for seventy contracts, and Dr. Emmett only contracted out forty at $67 each for a total of $2,680. The outcomes would be a negative, but when he contracted out forty at $100 each for $4,000, he could not keep up. Thirty customers did not receive completion of contracts for the lack of services available to customers; he received a goodwill loss of $5 each, or -$150, which made $4,000 − $2,600 − $150, which equals $1,170.

The next step would be to calculate the opportunistic loss table from the payoff table. The payoff takes complement the minimax criteria, and the maximum payoffs under each state of nature. In the opportunistic loss table (see table 2), each element of the state of nature is subtracted from the largest payoff for that state of nature. Each number in a row is subtracted from the largest number in the row. The numbers in the table are losses, which means smaller numbers are better.

Table 2

Opportunistic Loss Table[a]

State of Nature	Action			
	Contracts 20	Contracts 40	Contracts 60	Contracts 80
Demand 10	0	380	700	1020
Demand 30	220	0	320	640
Demand 50	1100	280	0	320
Demand 70	1980	1160	280	0

[a] Maximum payoff under each state of nature.

The next step would be to calculate the expected value criteria, which involves multiplying the payoff by the probability of the payoff occurring and then adding them together. After placing the probabilities into a 1 × 4 matrix with the expected value and the purchase of sixty action would be .20 (-650) + .40 (450) +.30 (1550) + .10 (2050) = 720. Making the expected values for contracting out twenty, forty, sixty, and eighty contracts would be $400, $740, $720, and $460. The problem outcomes would mean that the best is $740, which means Dr. Emmett would contract out forty contracts.

The next step would be to calculate the maximax criterion by taking the largest numbers in each column and then take the best of the largest numbers. If Dr. Emmett contracts out twenty, forty, sixty, and eighty contracts at $550, $1270, $2050, and $2330, the largest number will be $2330, Dr. Emmett would contract out eighty contracts. The next step would be to calculate the maximin criterion by taking the smallest numbers in each column. If Dr. Emmett purchases twenty, forty, sixty, and eighty contracts at $50, $330, $-650, and $-970, the smallest is $50.

The next step would be to calculate the minimax criterion by using the opportunistic loss regret table (see table 3). Dr. Emmett will take the largest loss under each action and select the smallest of the large numbers. The losses if Dr. Emmett were to contract out twenty, forty, sixty, or eighty contracts are $1980, $1160, $700, or $1020. The smallest would be $700, so Dr. Emmett would contract out sixty contracts. Table 3 sums everything.

Table 3
Opportunistic Loss Regret Table

	Action				
Criterion	Contract 20	Contract 40	Contract 60	Contract 80	Best action
Expected value	400	740[a]	720	460	Contract 40
Maximax	550	1270	2050	2330[a]	Contract 80
Maximin	50[a]	-330	-650	-970	Contract 20
Minimax	1980	1160	700[a]	1020	Contract 60

[a] Maximum payoff under each state of nature.

An effective leader is likely to be a value-driven-directive leader. Drucker defined value as the actions required, and the direction provides the focus for implementation. Drucker defined decision as a judgment. A decision is rarely a choice between right and wrong. It is often a choice between almost right and probably wrong. Right answers are not the result of brilliance of intuition. The right answers are the result of asking the right questions.

Developing a program to demonstrate the contrast between ethical and unethical values establishes the first step in creating a company culture that emphasizes and reinforces ethical standards. There are many approaches to unethical behavior, and none is 100 percent compatible with what I consider business ethics so far in this research. Drucker struggled in deciding on which approach, and he finally arrived at basic ethical principles that were essential because he believed that ethical behavior was an absolute requirement of all organizational leaders.

CHAPTER 5

Research

This chapter includes a critical analysis on the different outcomes of research on the elements of leadership, decision-making, and ethical behavior in the business workplace. This chapter also includes an acknowledgment by Drucker that leadership is important and that the leader's job is to create the desired future for the company or the organization. Note that leaders determine the situation, the needs, and the personalities of their employees and the culture of the organization. Also, the belief is that ethical behavior is an absolute requirement of all organizational leaders.

For many business leaders, the best solution to an ethical dilemma is having a predetermined role, objective principle, or principle reformulated as corporate policy and applying it to a particular circumstance. Ethical decision-making involves using ethical principles to make decisions.

Decision-makers encounter decision points on a continuous basis, and copious data are available for evaluating and determining the potential effectiveness of data use to inform decisions. The impacts for developing decision support systems have been the technological possibilities and functions that facilitate storing the series of decisions made, and during the response, certain decisions should receive priority.

The focus of section 1 is to use Drucker's management theory to obtain results in understanding the correlational findings from the authentic leadership questionnaire (ALQ) and the multiple-choice questionnaire (MCQ). The focus of section 1 is on diverse workplace effectiveness, conditions as common elements, and the link of the components of meaning and purpose.

The focus of section 2 is to indicate how leaders in the business workplace with ethical behavior effectively use objective measures and intuitive methods to assist in the decision-making process of unethical behavior. Section 2 contains the reported data collection and the interpretation of the data. Section 2 includes the descriptive statistics for the demographic variables, as well as the findings structured around the research question and hypothesis. Section 2 also includes the research outcomes applied to professional practice and the implication for social change.

Section 1: The Project

In this study, I focused on understanding the relationship between leadership, decision-making, and ethical behavior. In this section, I applied Drucker's management theory to understand the correlational findings from the ALQ and the MCQ. In this section, I addressed the purpose statement, my role as the researcher, the participants, the research method, the research design, population and sampling, ethical research, instrumentation, the data collection technique, data analysis, and study validity, concluding with a transition and summary.

Purpose Statement

The purpose of this quantitative correlation study is to examine the relationship between leadership, decision-making, and ethical behavior. The independent variables were leadership and decision-making. The dependent variable was ethical behavior. The targeted population consisted of retail leaders in various companies in the southwestern United States. This study has implications for positive social change, in that it may encourage future research on decision-making and promotion to develop a better understanding of the relationship between organizational leadership and ethical behavior.

Role of the Researcher

My role as the researcher was theoretically nonexistent, because the goal of the research was to have the participants independent of the researcher. In this correlational study, data collection was without regard to the participants or the person collecting the data. My role as the researcher allowed me to remain detached from the study and from the sample in the study. I had no previous relationship with the topic or the participants.

My role as the researcher as it related to ethics, the *Belmont Report* protocol, and federal regulations at 45 CFR and 21 CFR 50 was to protect the autonomy, safety, privacy, and welfare of human research subjects. The informed consent document clearly indicated that the study was a research study and not clinical therapy. Participation in the research was voluntary and was free of any coercion from me.

Participants

Quantitative research requires standardizing procedures and randomly selecting participants to remove the potential influence of external variables and ensure generalizability of results. Quantitative research involves making decisions based on the research questions, theoretical perspective, and evidence that confirm the study. Criteria for participation in this study included working with a retail business in the southwestern United States and functioning as an individual in a leadership position such as middle management or upper management for five or more years. I contacted each potential participant via email.

I established a weekly working relationship with the participants until the conclusion of the research study. The purpose of the weekly working relationship was to give updated information that pertained to leadership, decision-making, and ethical behavior. Strategies for establishing a working relationship with participants included developing greater awareness of the possible benefits of cooperation and how to negotiate a mutually beneficial relationship. The updating of information continued until the completion of this research.

Research Method

A quantitative method was suitable for this study because the study involved analyzing numerical data, and I sought to generalize the results to a larger population. Researchers conducting quantitative studies can explain phenomena by collecting numerical data and analyzing them using mathematically based methods. Quantitative research primarily involves collecting quantitative data.

The basic building blocks of quantitative research are variables, which are the opposite of constants. Variables take on different values, whereas constants cannot vary. This research study included two types of variables: independent variables, which are the personal cause of another variable, and a dependent variable, which is the presumed effort or outcome.

There are two major types of quantitative research. Experimental research has as its purpose the study of cause-and-effect relationships. Nonexperimental research does not involve manipulating the independent variable or randomly assigning participants to groups. An individual cannot jump to a conclusion of cause and effect because there are too many other alternative explanations for the relationship.

Quantitative research is social research that includes empirical methods, statements, formal objectives, and a systematic process. Quantitative research may result in a clear awareness of the relationship of unethical behavior and leadership's ability to make sound decisions.

Qualitative research involves the collection of qualitative data and is a systematic approach used to describe life experiences and give meaning. Five major types of qualitative research exist. The first type is phenomenology, in which a researcher attempts to understand how one or more individuals experience a phenomenon.

The second type is ethnography, in which a researcher focuses on describing the culture of a group of people. The third type is a case study, in which a researcher focuses on providing a detailed account of one or more cases. The fourth type is grounded theory, in which a researcher focuses on generating and developing a theory from data collected. The final type is historical research, in which a researcher focuses on research about events that occurred in the past.

Qualitative research was not appropriate for this study because researchers using the qualitative method emphasize quality entities, processes, and meanings that they do not experimentally examine or measure in terms of quality, amount, intensity, or frequency. Qualitative research may produce unclear generalizations, which means that results from a qualitative study may include personal biases that affect the results. Qualitative research is a systematic approach used to describe life experiences and give meaning.

Mixed methods research includes both quantitative and qualitative methods. The two major types of mixed research are mixed method and mixed model research. Mixed method research is research in which a researcher uses the quantitative research paradigm for one phase of a research study and the qualitative research paradigm for another phase of the study.

In mixed model research, a researcher mixes both qualitative and quantitative research approaches within a stage of the study or across two of the stages of the research process. I did not select a mixed method study because it would have been time consuming, and methodological purists recommend that researchers work with either a quantitative or a qualitative paradigm.

Research Design

The correlation design was suitable for this study. Correlation research includes an established relation or association between two or more variables that do not readily lend themselves to experimental manipulation. In a correlational research design, researchers may correlate the variables to determine whether a relationship exists between them. Advantages to the design are that researchers can collect a lot of information from many subjects at one time and study a wide range of variables and their interrelations. The disadvantages are that correlation does not indicate causation, and there are problems with the self-report method.

I did not choose experimental or quasi-experimental designs because the experimental designs test cause-and-effect relationships between variables and the quasi-experimental designs include a blend of correlational and experimental approaches. Experimental design and quasi-experimental design both measure on the same dependent variables. Advantages for both designs are that they minimize threats to external validity, and researchers must let manipulations occur on their own and have no control over them.

The disadvantages for both designs are that deficiencies in randomization make it harder to rule out confounding variables, they introduce new threats to internal validity, and the researcher does not have total control over extraneous variables. The correlation design was appropriate for this study because the aim was to predict the relationship between a set of predictor variables—leadership and decision-making—and a dependent variable—ethical behavior.

Population and Sampling

The population included ninety-eight managers who worked for a retail business in the southwestern United States and who had been functioning in a leadership position such as middle or upper management for five years or more. Probabilistic sampling was the sampling method, because it is an archeological sampling method based on formal statistical criteria in selecting single units to investigate. The advantage of using probabilistic sampling is that the whole process is unbiased, and it is good to use in smaller populations.

The disadvantages of probabilistic sampling are that it cannot prevent bias, and sampling information from a large population involves too much time and patience. The specific subcategory was simple random sampling. Probabilistic sampling ensures an unbiased representation of the group. The advantages of using simple random sampling are that it reduces bias and increases ease of sampling. The disadvantages are that it may involve sampling error and may be time consuming.

A power analysis using G*Power Version 3:1.9 software indicated the appropriate sample size for the study. G*Power is a statistical package used to conduct an a priori sample size analysis. An a priori analysis, assuming a medium effect size ($f = .15$), $a = .05$, indicated a minimum sample size of sixty-eight participants was necessary to achieve a power of .80. Increasing the sample size to 146 would increase power to .98. This study involved ninety-eight participants. The use of a medium effect size ($f + .15$) was appropriate for the study. The medium effect size involved the analysis of several articles in which leadership, decision-making, and ethical behavior were the outcome measurements.

Ethical Research

The consent process for the participants required employment with a retail business in the southwestern United States. The principle of informed consent requires that prospective participants understand the procedures and any possibility of risks or discomfort. Potential participants received a copy of the consent form prior to completing the questionnaire and indicated their agreement to participate by signing the document. The potential participants signed a printed version, which I then scanned in electronic format. Participants read and replied to indicate their understanding of the consent process. Refusing to participate involved no penalty, and participants could discontinue participation without penalty by notifying me via email.

The confidentiality of individual respondents was in place. No information they shared was available to anyone not directly involved in the study. The participants' responses remained anonymous. To protect the rights of the participants, I stored the research records securely in a locked file cabinet at my home. I stored electronic files on my password-protected computer and backed them up on a thumb drive. I will have a password-protected hard drive for five years, and at the five-year mark, I will shred the documents. No identifiers linking the participants or me to this study will appear in any report for publication, any consent form, or any DVD.

Instrumentation

Researchers use a variety of data collection instruments. These instruments include personality tests, aptitude tests, questionnaires, existing documents and records, attitude tests, leadership tests, and surveys. The two data collection tools used in this study were the ALQ, to measure the independent variables leadership and decision-making, and the MCQ to measure the dependent variable ethical behavior. The participants had two weeks to complete the questionnaires. The questionnaires were sent to participants via email. Each questionnaire took approximately twenty minutes to complete. No special requirements or tools were attached to the questionnaires. I purchased the questionnaires from MindGarden Inc.

The data was comprised of construct and variable, and it consisted of three underlying domains and eight subscales. The three underlying domains consisted of (a) leadership, which is transparent, moral, and ethical; (b) decision-making, which is balance processing and self-awareness; and (c) ethical behavior, which is moral courage, moral ownership, and moral efficacy.

An explanation of leadership and decision-making domains and their five subscales is within the information generated for the ALQ. Using the ALQ and MCQ helped in understanding the sample being studied and examined the relationship between the variables, and determining if a relationship exists between leadership, decision-making, and ethical behavior.

The first of the four subscales comprising the decision-making domain is self-awareness, which refers to a leader's awareness of his or her strengths and limitations and how he or she affects others. The second of the four subscales comprising the decision-making domain is transparency. Transparency refers to the degree to which a leader reinforces a level of openness with others that provides them with opportunities to be forthcoming with their ideas, challenges, and opinions. The third of the four subscales comprising the decision-making domain is moral/ethical, which involves the degree to which a leader sets a high standard for moral and ethical conduct. The final of the four subscales comprising the decision-making domain is balance processing, which is the degree a leader solicits sufficient opinions and viewpoints prior to making important decisions.

The ALQ measures authentic leadership by assessing four components of the process: self-awareness, relational transparency, moral or ethical perspective, and balanced processing. By comparing scores, an individual can determine which are the stronger and which the weaker components in each category. An individual can interpret authentic leadership scores using the following guidelines: high = 12-16, and low = 12 and below. Scores in the upper range indicate stronger authentic leadership, whereas scores in the lower range indicate weaker authentic leadership.

The ALQ is a theory-driven survey instrument designed to measure the components conceptualized as comprising authentic leadership. The resources mentioned in this section cover the theoretical and empirical basis for the ALQ extensively. The ALQ is currently in some projects around the globe to augment other measures of leadership.

The ALQ consists of sixteen descriptive items and a five-point Likert-type scale ranging from 0 to 4. On this scale, a 0 represents *not at all*, 1 represents *once in a while*, 2 represents *sometimes*, 3 represents *fairly often*, and 4 represents *frequently, if not always*. The ALQ has items about different dimensions of authentic leadership. There are no right or wrong responses. The scoring involves the sum of responses on items 13, 14, 15, and 16 (self-awareness); the sum of responses on items 1, 2, 3, 4, and 5 (relational transparency); the sum of responses on items 6, 7, 8, and 9 (moral/ethical perspective); and the sum of responses on items 10, 11, and 12.

Researchers have used the ALQ to test for reliability using the internal consistency approach. All studies yielded alpha values greater than .70, which indicates respectable reliability. Many measured alpha values are greater than .80, which demonstrated very good reliability. Discriminant validity has demonstrated authentic leadership, as conceptualized and measured by the ALQ. Results have been encouraging, especially in terms of predictive validity and reliability, and early global research has supported the generalizability of the ALQ across a variety of cultures and languages.

The ALQ was the instrument chosen by Piaw and Ting (2014) in a study on school leaders in Malaysia. The study involved identifying factors of thinking and leadership of eighty-five Malaysian primary and secondary school leaders. The instrument ALQ helped to identify thinking styles (critical or creative) and leadership (closed or open) of the subjects. Most of the school leaders implemented critical thinking with open leadership. School grade, type of school, gender, age, working experience, and educational background are significant predictors of leadership. The findings led Piaw and Ting to reject claims that leaders are purely born or purely made.

The purpose of the instrument was to conduct a study on principal leadership, school performance, and principal effectiveness in Dubai schools. The study involved investigating whether a correlation exists between the principal's leadership and both (a) performance level and

(b) the principal's effectiveness in schools in Dubai (Ibrahim, 2013). A stratified representative sample conducted on the school performance level involved each of the four levels of performance (unsatisfactory, acceptable, good, and outstanding). A sample identified by the Dubai School Inspection Bureau 2010 report is from ten (five male and five female) public school teachers at each school level.

In each school, twenty teachers should have responded to the ALQ regarding their principal's leadership and effectiveness. The sample included 490 teachers from thirty-four schools, with a response rate of 61.25 percent. The sample consisted of 219 (44.7 percent) male teachers and 271 (55.3 percent) female teachers (Ibrahim, 2013). The results indicated principals employed transformational leadership the most, followed by transactional leadership, and then passive or avoidant leadership. A positive correlation emerged between principals' leadership and effectiveness, but no correlation occurred with school performance.

Seyal and Rahman (2014) investigated the adoption of enterprise resource planning systems among sixty CEOs in small and medium-sized enterprises in Brunei. The study involved examining the effects of leadership at the organization level; the results led to a comprehensive understanding of leadership. The analysis revealed that 86 percent of the respondents had transformational styles with a mean of 3.04 compared with a mean of 2.90 for transactional styles among the CEOs.

The information generated for the MCQ includes an explanation of the ethical behavior domain and its three subscales. The first of the three subscales is moral ownership. Moral ownership refers to leaders feeling a sense of personal agency over the ethical nature of their actions, their organization, and others around them. The second of the three subscales is moral efficacy, which refers to leaders' organizing, and attains ethical performance within a given ethical domain. The final of the three subscales was moral courage, which refers to leaders requiring courage to overcome fears while facing threats.

The basis of the MCQ is that moral judgment capacity accourfts for only 20 percent of the variance in people's actual ethical behavior. The basis indicates that an individual's ethical and unethical behavior in organizations is driven not just by the judgments he or she makes but also by whether there is both the desire and the inner fortitude or agency to move forward and act on those judgments. Most individuals make many ethical judgments during the workweek. In dynamic organizations, they face many challenges, distracters, and risks that may deter them from stepping up and acting on their ethical judgments.

Individuals in the position to address unethical acts may say that they do not feel motivated to make such decisions. After making acceptable decisions, people need moral potency to counter the external forces that may inhibit them from acting after they have made the correct ethical choice. Correct ethical choices involve the capacity to generate responsibility, to take moral action in the case of adversity, and to persevere through challenges.

Researchers have used the MCQ across some different contexts. The MCQ identifies three primary capacities that underpin moral potency. In the first capacity, moral capacity, an individual feels and shows a sense of responsibility to act ethically to combat ethical issues. The moral capacity refers to one's level of moral ownership.

In the second capacity, moral efficacy, individuals can make a moral judgment. Individuals have the desire to act but decide not to act because they lack confidence in their personal capabilities to develop solutions to ethical issues.

In the third capacity, moral courage, individuals encourage themselves to face threats and overcome fears. Moral courage is a malleable character strength that provides the requisite potency needed to commit to personal moral principles. The MCQ consists of twelve descriptive items and uses a five-point Likert-type scale. The scoring involves the sum of responses on items 1, 2, 3, and 4 (moral courage); the sum of responses on items 5, 6, and 7 (moral ownership); and the sum of responses on items 8, 9, 10, 11, and 12 (moral efficacy).

For questions 1 through 7, individuals should think about their typical actions and rate their level of agreement with how each question applies to their behavior. Use the five-point Likert-type scale to indicate your level of agreement or disagreement with each statement. In this scale, 1 represents *strongly disagree*, 2 represents *disagree*, 3 represents *neither agree nor disagree*, 4 represents *agree*, and 5 represents *strongly agree* (Hannah et al., 2011). In answering questions 8 through 12, a score of 5 represents total confidence, a score of 3 represents moderately confident, and a score of 1 represents not at all confident.

Test–retest reliability for each of the moral factors ranged from .75 to .95 in the validation sample and from .74 to .94 in the cross-validation sample. Moral potency as the result of research by various researchers positively related to ethical behaviors and negatively related to tolerance for the mistreatment of others. Researchers have used the MCQ in some studies and applied projects to predict ethical thoughts and behaviors. The MCQ self-ratings predict various ethical attitudes and behaviors of individuals.

Questionnaires are the instruments chosen to conduct research studies. Questionnaires show that moral potency is a critical factor in developing leaders who have the understanding to act on their moral judgments and behave as leaders of character. A cross-sectional field study complemented the questionnaires with a sample of 2,484 US Army soldiers assigned to 295 squads serving in combat in Iraq during 2009.

The sample provided a highly complex and ambiguous context where soldiers faced a high base rate of difficult moral challenges. Unit battalion chaplains collected data and send them to the researchers in the United States. Results indicated that moral efficacy is a discriminant factor that reflects the confidence that one can act ethically, distinct from the understanding to act. Reliability of the moral efficacy (a = .95) and moral ownership/courage (i.e., conation) scales (a = .93) was high.

The scale of measurement to measure a dependent variable is the interval scale. The interval scale of measurement has the properties of identity, magnitude, and equal intervals. The standard survey rating scale is an interval scale (Weaver and Wuensch, 2013). An interval scale has equidistant points between each of the scale elements to interpret differences in the distance along the scale. In an ordinal scale, an individual can only talk about differences in order, not differences in the degree of order.

Interval scale data include parametric statistical techniques. Statistical techniques include such as mean and standard deviation, correlation $- r$, t-test, regression, analysis of variance (ANOVA), and factor analysis. Parametric means that data meet certain requirements with respect to parameters of the population. For example, data were normal, and the distribution paralleled the normal or bell curve. In addition, it means that an individual can add, subtract, multiply, and divide the numbers.

The purchase of each survey from MindGarden Inc. included permission to use both surveys and a license to reproduce both surveys. I did not make any adjustments or revisions to the standardized research instruments. I stored raw data from this study on my personal computer with password-protected encryption to ensure the security of the participants.

Participants must read and provide their understanding of the consent process. Potential research participants received all information required for the informed consent process before the survey began. I had ensured the protection and confidentiality of the responses before I administered the survey.

Data Collection Technique

Within each general research approach, researchers may use one or many data collection techniques. The most popular data collection techniques include surveys, secondary data sources or archival data, objective measures or tests, and interviews. The method of data collection for this research study was surveys. Surveys can include questionnaire or interviews. I chose questionnaires in the form of paper-and-pencil instruments that the respondents completed.

The primary purpose of a survey is to elicit information that, after evaluation, results in a profile or statistical characterization of the population sampled. Questions may relate to behaviors, beliefs, attitudes, and characteristics of those who survey. A survey is a means of gathering information about a particular population by sampling some of its members, usually through a system of standardized questions. Surveys can be by mail, telephone, personal interview, or the internet.

Cost savings, accuracy, and quick to analyze are advantages of using an online or email questionnaire. In addition, easy to use for participants, time savings, anonymity for respondents, and objective feedback are advantages. Limited sampling and respondent availability are disadvantages. In addition, no interviewer, data errors due to question nonresponses exist, inability to reach challenging populations, survey fraud, and possible cooperation problems are disadvantages.

A pilot study was not necessary for this study. A pilot survey is a strategy used to test the questionnaire using a smaller sample compared to the planned sample size. In the pilot phase, researchers administer the questionnaire to a percentage of the total sample or a convenience sample in informal cases. A pilot study was not necessary for this study because the main objective of a pilot study is to determine whether conducting a large-scale survey is worth the effort.

I used two self-assessment surveys developed by MindGarden Inc. Data came from the answers to the survey questions. The survey was available online and via email. The questions had numbers that accelerated data entry during the inputting process. There were no adjustments to the questions, and the instruments selected were appropriate for the research study.

The survey was available online, and the participants could receive, complete, and send the survey back to me via email. Those who did not respond within five days of receiving the survey received a reminder email. The information and records from this research study will remain securely stored in a private location for five years. At the completion of the five-year period, I will shred all documents.

Data Analysis

The data gathered from the participants answered the research question and hypothesis from Section 1:

RQ1: What is the relationship between leadership, decision-making, and ethical behavior?

$H1_0$: There is no relationship between leadership, decision-making, and ethical behavior.

$H1_a$: There is a statistically significant relationship between leadership, decision-making, and ethical behavior.

I conducted the following statistical analysis that revealed a relationship between leadership, decision-making, and ethical behavior in a retail setting by using the multiple linear regression analysis. The general purpose of multiple linear regression is to learn about the relationship between the predictor variables (leadership and decision-making) and the dependent variable (ethical behavior). The general computational problem that is solved in multiple linear regression analysis is to fit a straight line to several points.

Multiple linear regression (MLR) is a statistical technique that uses several explanatory variables to predict the outcome of a response variable. The multiple linear regression (MLR) attempts to model the relationship between two or more explanatory variables and a response variable by fitting a linear equation to observed data. The goal of multiple linear regression (MLR) is to model the relationship between the explanatory and response variables. Every value of the independent variable x is associated with a value of the dependent variable y (Weaver & Wuensch, 2013). In each test, the p-value was .05.

The multiple linear regression involves assumptions, limitations, and practical considerations, and they involve the following. Assumption of linearity—the last assumption the linear regression analysis makes is homoscedasticity. The scatter plot is a good way to check for homoscedasticity. That is, that the error terms along the regression are equal is a given. Normality assumption—is that the assumption of normality is just the supposition that the underlying random variable of interest is distributed normally. Limitations—include that linear regression is limited to predicting numeric output. Choice of the number of variables—is that a multiple linear regression is a seductive technique "plug in," that as many predictor variables as one can think of will come out significant.

Multicollinearity—is a phenomenon in which two or more predictor variables in a multiple linear regression analysis are highly correlated, meaning that one can be linearly predicted from the others with a substantial degree of accuracy. The importance of residual analysis— as a linear regression model is not always appropriate for the data, one should assess the appropriateness of the model by defining residuals.

In addition, the multiple linear regression analysis will include a descriptive statistic. Descriptive statistics help the researcher understand the data set in detail; the descriptive statistics also imply a quantitative summary of a data set that has been collected. Descriptive statistics refers to means, ranges, some valid cases of a variable, and are designed to provide information about the distribution of a variable.

In descriptive statistics, the mean (M) is the most widely used measure of control tendency; it is commonly called the average. SD or standard deviation is the square root of the variance; it measures the spread of a set of observations. Minimum is the minimum or smallest value of the variable, and maximum is the maximum or largest value of the variable.

The multiple linear regression model summary will be used. Information in the model summary displays the regression line's ability to account for the total variation in the dependent variable. R is the square root of R^2 and the correlation between the observed and predicted values of the dependent variables.

R^2 is the proportion of variance in the dependent variable (ethical behavior), which can be explained by the independent variables (leadership and decision-making). Adjusted R^2 is an adjustment of the R^2 that penalizes the addition of extraneous predictors to the model. The variance is measured as the sum of the squared differences between the respondent's predicted dependent variable values and the overall mean. The mean is divided by the number of respondents and is symbolized by R^2

Multiple linear regression (MLR) is a statistical technique that uses several explanatory variables to predict the outcome of a response variable. The MLR) models the relationship between two or more explanatory variables and a response variable by fitting a linear equation to observed data. The MLR models the relationship between the explanatory and response variables. Every value of the independent variable x is associated with a value of the dependent variable y. In each test, the p-value was .05.

Other statistical analyzes were not appropriate for this study, including the Mann-Whitney U-test because it compares medians. The Spearman rank correlation test because it shows the association between two variables, x and y, which do not have a normal distribution. The Kruskal-Wallis test because the purpose of the test is to compare the means between two or more samples when the data are ordinal or when the distribution is nominal. The Kruskal-Wallis test involves comparing the frequency count of what one expects in theory against observations.

The purpose of the data cleaning and screening procedure was to determine, for every case. Whether each variable contains only legitimate numerical codes or values and whether the legitimate codes were reasonable. I checked for normality and determined how to cope with nonmorality. To address missing data, I compared cases with and without missing values on variables of interest using the SPSS missing values analysis.

I can evaluate the normality assumption by looking at the distribution of the data via histograms or by performing a normality test. The equality of variance assumption verification involves the F test. If the data do not meet these conditions, then a researcher can evaluate the difference in means between the groups using one of the nonparametric alternatives.

Testing and assessing assumptions involve running the type of regression specified in the problem statement on variables using the full data set. If data do not satisfy the criteria for normality, I can substitute the transformed variable in the remaining test that calls for using the dependent variable. I interpreted inferential results by using standard error statistics because I could construct confidence intervals about the obtained sample basis. The confidence interval provides an estimate of the interval at which the population parameter will fall. The two most often used standard error statistics are the standard error of the mean and the standard error of the estimate.

The standard error of the mean constructs a confidence interval at which the population mean is likely to fall. The formula $p < .05$ is the probability that the population means will fall in the calculated interval of 95 percent. Also, the standard error of the estimate is with the correlation measure because it can allow me to construct a confidence interval within which the true population correlation will fall. The standard error is an important indicator of having precise an estimate of the population parameter the sample statistic is.

If the information input into the Statistical Package for the Social Sciences (SPSS) program violated the assumptions, I substituted transformations and ran regressions entering two the independent variables. The inferential results of a confidence interval indicated a 95 percent confidence interval. I could predict or infer the value or score of a population within a specified range based on the value or score of the sample. The inferential results can help to determine if groups have significantly different means. If the probability associated with the F statistics is .05 or less, then I asserted there was no difference in the manner.

I entered the data collected from each participant into the SPSS software program and performed several statistical analyzes. There are many different types of statistical software. Researchers have found SPSS to be one of the most preferred tools to present data in a research study. I began by defining a set of variables and then entered data for variables to create some cases.

Every case has a value for each variable, the variables have types, and each variable contains a specific kind of number. After I had entered the data into SPSS, I defined the cases by the values stored in the variable that allowed me to run analyzes. Running an analysis involved selecting the appropriate variables from the menu and clicking the *okay* button. The SPSS software predicted with confidence the next step on how to solve problems or how to improve results.

Study Validity

Study validity reflects factors that provide plausible rival hypothesis to the treatment effect. External validity refers to results of a research study that are generalizable to a group that participates in the study. A threat to external validity indicates if the effect is generalizable based upon populations, settings, treatment variables, or measurement variables. The threat to external validity consists of four areas.

The first of the four areas is the interaction of selection and experimental variable. Interaction of selection and experimental variable affects some groups from its treatment by the composition of the group; this treatment makes it more difficult to acquire participants. The second area involves the precluding generalization to those exposed to treatments outside of the nonexperimented settings. An example would be wholesale versus retail. The third area involves the same group of respondents in which the effects of prior treatments are not erasable. The final area considered a problematic area in experimental situations takes place on a particularly memorable day, such as September 11.

Internal validity refers to the extent to which the results obtained in a research study are a function of the variables. The researcher systematically manipulates, measures, and observes in a study. Threats to internal validity involve thirteen areas. The first area is history. History refers to the occurrence of events that could alter the results of the study and involves local events or the comparison of different managers.

The second area involves the artifacts of respondents in comparison groups that use randomization. The third area is maturation, which involves a function of time between pretest and posttest. The fourth area is reactive or interaction effect of testing, which involves a pretest.

The fifth, sixth, and seventh areas involve the calibration of an instrument or scores. Treatment replication involves n as the number of individuals in the group. Thus, reported results can be misleading if each subject in a group administration counts as an individual replication. The remaining area is experimental mortality, and it involves differential rates of loss from comparison groups.

The eighth, ninth, and tenth areas are a statistical regression, in which measurement error is the result of regression toward the mean, as they have no other direction in which to go. The next area involves members of different groups meeting each other, causing the treatment to diffuse. The treatment spreads to the control group through the interacting of those in the treatment group. The next area is the experimenter effects; this area involves the attribution and expectations of the researcher that influence the subjects.

The eleventh, twelfth, and thirteenth areas involve subject effects that involve changes in the subject. The next area includes interactions with the selection. Interactions with the selection include selection maturation interaction, selection history interaction, and selection interaction. They all involve the effects resulting from an interaction between the way the selection of the comparison groups and their maturation, history events, and testing effects over time (Cohen et al., 2013). The final area occurs when it is not clear whether A causes B or B causes A (Cohen et al., 2013).

I addressed the threats to external and internal validity by focusing on the randomized pretest–posttest control group design that controls for threats to internal validity if the randomization works. All potential independent variables, including reactive arrangements and nonspecific treatment effects, are constant, and there is no differential mortality between groups. Researchers control threats relating to the passage of time because they should manifest themselves equally in each group: maturation, history, mortality, instrumentation, and statistical regression.

Researchers control threats relating to selection because they randomly assign participants to groups so they should be equal with respect to any potential independent variables. Researchers control the testing threats because the threats should also manifest equally in both groups.

When there is a pretest, researchers cannot control the reactive effects of testing external validity. Researchers do not know if they can get the same effects for treatment when participants are not pretested. Therefore, pretests and posttests use the same control group design; and there is no pretest focus on the posttest-only control group design. But changes related to time maturation and history are not measured because there is no pretest. So we cannot be sure that the groups are equaled at pretest. However, this design also controls for reactive effects of testing because there is no pretest.

Researchers cannot control for threats to external validity. In an internally valid study, we can only demonstrate that the effects of a treatment hold under the specific conditions of the study. Researchers can only say that the effects of a treatment hold for pretested participants from the population sampled now in this place.

Threats to statistical conclusion validity are conditions that inflate the type I error rate, which refers to rejecting the null hypothesis when it is true. Statistical conclusion validity is the appropriate use of statistics to derive an accurate conclusion. The validity with each statement about the association of two variables is made based on statistical tests. Type I error refers to the incorrect rejection of the null hypothesis when it is true. When researchers set an alpha level, they choose a level of probability making a type I error.

One threat to statistical conclusion validity is low statistical power, which is a threat when sample sizes are too large or when the set alpha is high. The threat exists because high statistical power decreases the likelihood of making a type I error. The emphasis on issues of significance and power may also be the reason that some sources refer to any factor that leads to a type I error. Type I error is a threat to statistical conclusion validity.

Violating assumptions of statistical tests is a threat when the assumption underlying statistical tests (i.e., normality) fails. Violations of assumptions occur because some statistical tests have no interpretation when violations to assumptions occur. Numerous researchers have shown that the two-stage approach of testing assumptions first and subsequently testing the null hypothesis of interest has severe effects on type I error rates. The two-stage approach causes more complex interactions of type I error rates that do not have fixed probabilities across the cases, which end up treated one way or the other according to the outcomes of the preliminary test.

Fishing and error rate problems (FERP) are a threat when researchers make numerous multiple comparisons when conducting a large number of statistical tests. Fishing and error rate problems are making a type I error increases based on the number of comparisons a researcher makes. Reliability of measures is a threat when measures of reliability for a scale are low. Researchers cannot rely on an unreliable scale for detecting true differences because low reliability for research purposes is less than .70 to .80. Type I errors are essential components of the statistical decision theory underlying null hypothesis significance testing; therefore, researchers can never expect data to answer a research question unequivocally.

I addressed the threats to statistical conclusion validity by allowing each participant the freedom of self-control. Sample selection was as homogeneous as possible. The pretest measure collection involved the same scales that measure the effect. Matching might take place before or after randomization or variables that correlate with the posttest. Reliability of dependent variable measures might increase.

External validity refers to the result of a study that is generalizable beyond the sample. Threats to this generalization involve two validities: population and ecological. Population validity is the extent to which the results of a study are generalizable from the sample studied to a larger group of subjects. Ecological validity is the extent to which the result of an experiment is generalizable from the set of environmental conditions created by the researcher to other environmental conditions.

Researchers conduct studies using a sample of subjects rather than whole populations. The most challenging aspect of fieldwork is drawing a random sample from the target population to which the results of the study are generalizable. The decision on whether the results of a particular study are generalizable to a larger population depends on the sampling. I would not generalize the finding of this research to a larger population or apply it to different settings because when generalizing from observations made on a sample to a larger population, certain issues will dictate judgment.

The information presented in section 1 of the research study was a description of the research methods and procedures used in this quantitative study, which included two surveys. I emailed the ALQ and the MCQ to ninety-eight managers working for a retail business in the southwestern United States and took appropriate measures to ensure the anonymity and confidentiality of the participants. Section 2 includes the application for professional practice and implications for social change, along with conclusions drawn based on the findings and recommendations, which include practical application and future research.

Section 2: Application for Professional Practice and Implications for Social Change

The purpose of this quantitative correlation study was to help organizational leaders develop strategies to improve the decision-making process involving ethical behavior. Data analysis included a systematic approach. The first step involved identifying the descriptive statistics of the individual items of each survey instrument to calculate the mean, standard deviation, minimum and maximum of the variables, and if necessary, to discard outliers from the analysis. The discarding of outliers was an important precursor to determining the validity and reliability of this study.

The second step involved calculating a correlation matrix for the scale. Departures from normality, homoscedasticity, and linearity reduce the correlation between the items. Based on the analysis, no remedial countermeasures were necessary. I entered the results from the questionnaires into SPSS. The independent variables were leadership and decision-making. The dependent variable was ethical behavior. Section 3 includes the interpretation of the data. The research outcomes applied to professional practice, implications for social change, effective use of objective measures, and intuitive methods used by leaders who make decisions involving workplace ethics.

Presentation of Findings

Standard multiple linear regression was conducted to assess the relationship between leadership, decision-making, and ethical behavior.

Leadership and decision-making were the independent variables. Ethical behavior was the dependent variable. The previous sentence should read; the null and alternative hypothesis was that leadership and decision-making would significantly predict ethical behavior.

The assumptions of linearity, normality, and independence of residuals was examined via normal probability (P-P) plot of the regression standardized residual (figure 1) and scatter plot of the residuals (figure 2). As seen in the plots, the hypotheses that there are severe violations of the assumptions are tenable. A histogram (figure 3) of the dependent variable is further evidence of severe violations of the assumptions. A further review of a correlation matrix revealed that there was severe multicollinearity ($p < .01$, $r = -.97$) between the two predictor variables. Therefore, bootstrapping using one thousand samples was computed and reported where appropriate.

The model was able to significantly predict ethical behavior ($F_{(2,95)} = 12.79$, $p < .01$). The effect size of $R^2 = .21$ indicated that approximately 21 percent of the variance in ethical behavior is accounted for by the predictor variables. However, none of the individual predictors was significant. The existence of multicollinearity between the two-predictor variables perhaps offers a plausible explanation for this phenomenon. Therefore, these results should be viewed with caution. Descriptive statistics are presented at table 4. Table 5 depicts the regression results.

FIGURE 1.
Normal P-P plot of the regression standardized residual

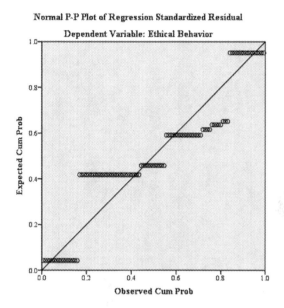

FIGURE 2.
Scatterplot of the standardized residuals

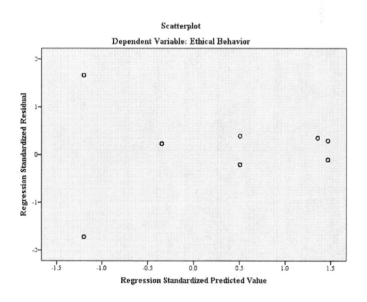

FIGURE 3.

Histogram of the regression standardized residual

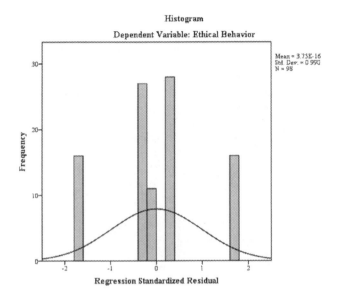

Table 4

Mean (M) and standard deviation (SD) for study variables (N = XX)

Variable	*M*	*SD*
Ethical Behavior	47.74	5.61
Leadership	27.38	2.1
Decision-making	20.93	2.53

Table 5

Regression analysis summary for predictor variables (N = 98)

Variable	B	$SE\ B$	B	t	p	B 95% Bootstrap CI
Constant	44.3	43.2		1.025	0.308	[-41.47, 130.06]
Leadership	-0.405	0.97	-0.151	-0.416	0.678	[-2.34, 1.53]
Decision Making	0.694	0.81	0.313	0.86	0.392	[-.907, 2.30]

The findings were consistent with Drucker's theory that effective decision-making is key to leaders making sound decisions regarding ethical behaviors. The results substantiated the findings of similar studies described in the literature review of this study. Leaders' behavior and approaches characterize the most effective leadership of achieving high-quality results from decision-making processes.

The findings of this study supported Drucker's theory that effective management practices should serve as the principal objective of decision-making. Also, the philosophy of management practices involves several proven management practices that can effectively influence the decision-making process.

Management best practices may consist of selecting the right people, showing empathy, communicating effectively, being positive and constructive, and thanking and rewarding staff. Management best practices may also consist of being both aggressive and realistic when setting goals and objectives, holding individuals accountable to deliver on the expectations one has of them, seeking to create an ethical workplace, and using metrics to evaluate individual performance and the organization diversity and inclusion program.

Before leaders address workplace situations, they should take the time to recognize or identify the context that governs that situation. Making good decisions can help direct personnel and motivate the workforce through reward and punishment. The cause and effect of unethical behavior relations are difficult to identify but not to handle. Unethical behavior can lead employees to believe that manageable patterns never existed. The belief by employees that manageable patterns never exist could be due to the inconstant shifting between cause and effect.

The theory of management by Drucker applied to this study. The results showed that ethical behavior serves as a foundation to examine various factors that may explain the correlation between leadership, decision-making, and ethical behavior. A need exists to develop conceptual clarity on ethical behavior. Unethical behavior may influence leaders' interaction with employees and on how the outcome affects employees' job performance and emotional well-being.

Application to Professional Practice

The study may contribute to the efficient practice of business by addressing the viewpoints of leaders on making decisions that involve unethical behavior. Addressing unethical behavior by leaders in the workplace leads to better workplace morale among employees and boosts the loyalty of employees to management.

The findings are relevant to business practice in the following respects:

1. The independent and dependent variables each had acceptable reliability. Leadership efficiency had an impact on the business, the customer, and preparation for the future.
2. Integrating behavior and approaches characterizes the most effective leadership for achieving high-quality results from the decision-making process.
3. Integrating leadership into the decision-making process involving ethical and unethical behavior could assist leaders when applying logic and analytical skills.

This study may be important for businesses in the twenty-first century because business leaders are constantly seeking to develop options that will result in a competitive advantage. The competitive advantage brings a wide range of perspectives regarding reacting to unethical behavior in a retail business workplace.

The development options appear in the increasing number of publications on unethical behavior, which include authors such as, Kazemipour, Amin, and Pourseidi, Kossek et al., Laschinger et al., and Malik et al. When leaders make decisions on how to address unethical behavior in the workplace, the decisions may involve the relationship to transform individual and organizational life in ways unrestricted by natural laws. The potentially groundbreaking nature of this research leaves no doubt about the intuitively positive relationships between ethical behavior and leaders' ability to make sound decisions in a retail business workplace.

Implications for Social Change

Within a positive social change perspective, the findings reinforced the argument that business leaders can develop strategies to improve the decision-making process involving ethical behavior. For example, the September 11, 2001, tragedy exposed challenges that leadership had in making decisions that involved unethical behavior. Business leaders were not ready for the aftermath of the September 11, 2001, terrorist attacks.

The social implication of the findings is that this study reinforced social change through demonstrating the significant role that ethical behavior plays in leaders' ability to make sound decisions. The results reaffirmed the importance of examining behaviors and leadership capabilities in individuals, communities, organizations, and institutions. The results relate to social behaviors given the emerging acceptance of the unethical behavior. The results may contribute to ethical values. Ethical values include unethical behavior in a business context. The results may also contribute to unethical behavior, such as service, honesty, respect, integrity, justice, accountability, trustworthiness, cooperation, intuition, and quality.

Therefore, the results of this study reinforce social change by encouraging future research on ethical and unethical behavior and leaders' ability to make sound decisions in a retail business workplace. The results promote social change through a better understanding of the relationship between ethical behavior, decision-making, and leadership. The promotion of social change can lead to increased leadership effectiveness, increased employee satisfaction, and a more productive workplace.

Recommendation for Action

The decision to employ a quantitative survey design was appropriate for this study and the results revealed the existence of positive correlations between leadership, decision-making, and ethical behavior. The findings of this study revealed that unethical behavior could relate to leaders' ability to make sound decisions in the retail business workplace.

Therefore, further study on leaders of corporations who initiate programs, conferences, workshops, retreats, ethical behavior conferences, and offsite programs is necessary. The ideal method to disseminate the study and recommendation is to have further study on leaders of corporations to initiate mentoring and entrepreneurial programs to help new business owners identify the essential knowledge needed for success.

In addition, publication can be used to challenge leaders' experience in making decisions involving ethical and unethical behavior. The programs initiated by corporate leaders could enable leaders to inspire their employees to produce a more motivated, committed, and productive workforce. Positively influencing performance, turnover, output, and other relevant effectiveness standards could lead to improved production.

Recommendations for Further Research

Future studies are necessary to help organizational leaders develop strategies to improve the decision-making process that involves ethical behavior in the business workplace. Researchers could replicate this study using the same instruments with many different populations in the business arena. Replicating the study using the same instruments would demonstrate that the findings were not an accident or coincidence. Such research would reveal differences and commonalities among employees and leaders in a retail business workplace regarding their practices across diverse environments.

Recommendations for further study related to improved practice in business grounded in the literature related to the following:

1. increasing importance of concepts regarding ethical behavior in a retail business workplace and leaders' ability to make sound decisions
2. leaders embracing the best practices for determining ethical decision-making when confronting unethical behavior in a retail business workplace
3. leaders focusing on doing the right thing when integrating ethics and decision-making together.

The limitations that emerged from this study, such as the lack of access to leaders to participate, could be preventable when conducting future research. It took effort to obtain participants in leadership positions. The limitation of having a topic that required an excessive amount of time to complete the literature review, apply the methodology, and gather and interpret the results was addressed. Further research on the same topic may prevent the same limitations.

Researchers should conduct future studies globally, as well as in local business sectors, to gain an understanding of the relationship between leadership, decision-making, and ethical behavior. Researchers should conduct a one- to five-year longitudinal study to examine the impact and to expand the existing body of literature. The longitudinal study would involve tracking the participants' practice and would yield substantial quantitative data, findings, and understanding how future studies may assist in promoting social change.

Reflection

The research conducted for this study was different from the research I previously conducted while obtaining a master's degree. The material was difficult to research, and it was difficult to locate scholarly research documents. The difficulties consisted of (a) unfamiliar words or concepts and (b) the format and dialogue of research.

Some of the insights I gleaned were the importance of adequately preparing for conducting research and the importance of understanding the format and structure of the American Psychological Association. Also, having a good committee chair who was willing to communicate with everyone involved in the research process and who was willing to work with uncertainty was important.

Conducting a quantitative study assisted in stating the research problem in specific and set terms. The strengths of conducting quantitative research connect to a firm set of research goals. The research goals assisted in developing objective conclusions, testing the hypothesis, and determining the issues of causality. The weakness of the quantitative method was the inability to control the environment where the participants provided the answers to the questions in the survey.

I gained experience from conducting the quantitative research study, and a functional paradigm served as a guide to the quantitative mode of inquiry. The basis of the mode of inquiry was the assumption that social reality has an ontological structure. Leaders are responding agents when ethical behavior is the focus in their decision-making process in a retail business workplace.

Conclusion

The findings of this quantitative study indicated the increasing importance of concepts regarding ethical behavior in a retail business workplace and leaders' ability to make sound decisions. The implication that leaders have the responsibility to uphold the highest standards of ethical conduct means that leaders should focus on doing the right thing when integrating ethics and decision-making together. Leaders should embrace the best practices for determining ethical decision-making when confronting unethical behavior in a retail business workplace.

The general business problem in this research study was that unethical behavior affects a leader's ability to make decisions. The specific business problem was that some retail business leaders do not understand the relationship between leadership, decision-making, and ethical behavior. The purpose of this quantitative correlation study is to examine that some retail business leaders do not understand the relationship between leadership, decision-making, and ethical behavior. The independent variables were leadership and decision-making. The dependent variable was ethical behavior. The research question was this: What is the relationship between leadership, decision-making, and ethical behavior?

While conducting this study, I used various concepts of leadership, decision-making, and ethical behavior to determine their necessity, effectiveness, and relevance in a retail business workplace. The theory of choice for the research study was Drucker's theory of management. Drucker's philosophy of management provided value to the discipline of modern management practices. Drucker shared his theory that everything started at the management level. It is leadership's responsibility to make effective decisions, and it is leadership's responsibility to organize company resources to achieve the operational goal with customer and employee satisfaction.

Drucker's theory of management served as a foundation to examine various factors that explained the correlation between leadership, decision-making, and ethical behavior. Organizational leaders can use the results of this study to simultaneously improve the quality and effectiveness of the decision-making process.

BIBLIOGRAPHY

Abbott, L., and C. Grady, (2011). "A systematic review of the empirical literature evaluating IRBs: What we know and what we still need to learn." *Journal of Empirical Research on Human Research Ethics 6*, 3–19. doi:10.1525/jer.2011.6.1 .3.

Agbim, K. C., Ayatse, F. A., and Oriarewo, G. O. (2013). "Spirituality, ethical behavior and ethical business: The impact of relatedness." *Journal of Business Management & Social Sciences Research 2*, 76–86. Retrieved from http://borjournals.com/a /index.php/ jbmssr.

Atkeson, L. R., Adams, A. N., Bryant, L. A., Zilberman, L., and Saunders, K. L. (2011). "Considering mixed mode surveys for questions in political behavior: Using the Internet and mail to get quality data at reasonable costs." *Journal of Political Behavior 33*, 161–78. doi:10.1007/s11109-010-9121-1.

Avolio, B. J., and Gardner, W. L. (2005). "Authentic leadership development: Getting to the root of positive forms of leadership." *Leadership Quarterly 16*, 315–38. doi: 10.1016/j. leaqua.2005.03.001.

Avolio, B. J., Gardner, W. L., and Walumbwa, F. O. (2007). "Authentic leadership questionnaire." Retrieved with permission from http:// www.mindgarden.com.

Aydin, O. T. (2012). "The impact of Theory X, Theory Y and Theory Z on research performance: An empirical study from a Turkish University." *International Journal of Advances in Management and Economics* 1, 24–30. Retrieved from http://www.managementjournal.info.

Bahl, R., Martines, J., Bhandari, N., Biloglav, Z., Edmond, K., Iyengar, S., and Rudan, I. (2012). "Setting research priorities to reduce global mortality from preterm birth and low birth weight by 2015." *Journal of Global Health* 2, no. 1. doi:10.7189/jogh.02-010403.

Baillien, E., De Cuyper, N., and De Witte, H. (2011). "Job autonomy and workload as antecedents of workplace bullying: A two wave test of Karasek's job demand control model for targets and perpetrators." *Journal of Occupational and Organizational Psychology* 84, 191–208. doi:10.1348/096317910x508371.

Baker, S. D., and Comer, D. R. (2011). "Business ethics everywhere: An experiential exercise to develop student's ability to identify and respond to ethical issues in business." *Journal of Management Education* 36, 95–125. doi:10.1177/1052562911408071.

Basch, E., Aberneth, A. P., Mullins, C. D., Reeve, B. B., Smith, M. L., Coons, S. J., and Tunis, S. (2012). "Recommendations for incorporating patient reported outcomes into clinical comparative effectiveness research in adult oncology." *Journal of Clinical Oncology* 30, 4249–55. doi:10.1200/JCO.2012.42.5967.

Bates, D., Maechler, M., Bolker, B., and Walker, S. (2013). lme4: Linear mixed-effects models using Eigen and S4. R package version, 1. Retrieved from http://Keziamanlove.com/wp-content/uploads/2015/04/StatsInRTut.

Beale, D., and Hoel, H. (2011). "Workplace bullying and the employment relationship: Exploring questions of prevention, control and context." *Employment & Society* 25, 5–18. doi:10.1177/0950017010389228.

Biggs, J. S., and Stickney, B. (2011). "Developing a strategy to promote the generation and effective use of population health research for NSW Health: 2011–15." *New South Wales Public Health Bulletin* 22, 4–10. doi:10.1071/NB10066.

Binik, A. (2014). "On the minimal risk threshold in research with children." *American Journal of Bioethics* 14, 3–12. doi:10.1081/152651.2014.935879.

Bishop, W. H. (2013). "The role of ethics in 21st century organizations." *Journal of Business Ethics* 118, 635–37. doi:10.1007/s10551-013-1618-1.

Bredenoord, A. L., Kroes, H. Y., Cuppen, E., Parker, M., and van Delden, J. J. (2011). "Disclosure of individual genetic data to research participants: The debate reconsidered." *Trends in Genetics* 27, 41–47. doi: 10.1016/j.tig.2010.11.004.

Cassa, C. A., Savage, S. K. Taylor, P. L., Green, R. C., McGuire, A. L., and Mandl, K. D. (2011). "Disclosing pathogenic genetic variants to research participants: Quantifying on emerging ethical responsibility." *Genome Research* 24, 719–23. doi:10.1101/gr.127845.111.

Castillo, L., and Dorao, C. A. (2013). "Decision making in the oil and gas projects based on game theory: Conceptual process design." *Energy Conversion and Management* 66, 48–55. doi: 10.1016/j.enconman.2012.09.029.

Charalabidis, Y., and Loukis, E. (2012). "Participative public policy through multiple social media platforms utilization." *International Journal of Electronic Government Research* 8, 78–97. doi:10.4018/jegr.2012070105.

Chen, G., and Lewis, F. L. (2010). "Leader-following control for multiple inertial agents." *International Journal of Robust and Nonlinear Control* 21, 925–42. doi:10.1002/rnc. v21.8/issuetoc.

Christ, T. W. (2013). "The worldview matrix as a strategy when designing mixed methods research." *International Journal of Multiple Research Approaches* 7, 110–118. doi:10.5172/mra.2013.7.1.110.

Cohen, J., Cohen, P., West, S. G., and Aiken, L. S. (2013). *Applied multiple regression/ correlation analysis for the behavioral sciences.* London, England; Routledge.

Curtis, E., and O'Connell, R. (2011). "Essential leadership skills for motivating and developing staff: An empowered team is enthusiastic about its work and will deliver high quality care." The key, argue Elizabeth Curtis and Rhona O'Connell, is transformational leadership. *Nursing Management* 18, 32-35. doi:10.7748 /nm2011.09.18.5.32.c8672.

Dacin, M. T., Dacin, P. A., and Tracey, P. (2011). "Social entrepreneurship: A critique and future directions." *Organization Science* 22, 1203–13. doi:10.1287/orsc.1100 .0620.

Dalal, R. S., Bonaccio, S., Highhouse, S., Ilgen, D. R., Mohammed, S., and Slaughter, J. E. (2010). "What if industrial-organizational psychology decided to take workplace decisions seriously?" *Industrial and Organizational Psychology* 3, 386–405. doi:10.1111/j.1754-9434.2010. 01259.x.

Dalvit, C. and Vulpetti, A. (2011). "Fluorine-protein interactions and 19F NMR isotropic chemical shifts: An empirical correlation with implications for drug design." *Journal of Chemical Medical Chemical* 6, 104–14. doi:10.1002/cmdc .201000412.

Dane, E. (2011). "Paying attention to mindfulness and its effects on task performance in the workplace." *Journal of Management* 37, 997–1018. doi:10.1177/0149206310367948.

Danielsson, M., and Alm, H. (2012). "Usability and decision support systems in emergency management." *Work (Reading/Mass.)* 41, 3455–58. doi:10.3233/WOR-2012-0624-3455.

De Cremer, D. D., Dick, R. V., Tenbrunsel, A., Pillutla, M., and Murnighan, J. K. (2011). "Understanding ethical behavior and decision making in management: A behavioural business ethics approach." *British Journal of Management* 22, S1-S4. doi:10.1111/j.1467-8551.2010. 00733.x.

Deshpande, A. R. (2012). "Workplace spirituality, organizational learning capabilities and mass customization: An integrated framework." *International Journal of Business and Management* 7, no. 5, 3–5. doi:10.5539/ijbm. v7n5p3.

De Vignemant, F. (2013). "The mark of bodily ownership." *Analysis* 73, 643–51. doi:10.1093/analys/ant080.

DiGrande, L., Neria, Y., Brackbill, R. M., Pulliam, P., and Galea, S. (2011). "Long-term posttraumatic stress symptoms among 3,271 civilian survivors of the September 11, 2001, terrorist attacks on the World Trade Center." *American Journal of Epidemiology* 173, 271–81. doi:10.1093/aje/kwq372.

Dovonon, P., Goncalves, S., and Meddahi, N. (2013). "Bootstrapping realized multivariate volatility measures." *Journal of Econometrics* 172, 49–65. doi: 10.1016/j.jeconom.2012.08.003.

Drucker, P. F. (1954). *The practice of management.* New York: Harper.

Dyck, B. (2014). "God on management: The world's largest religions, the 'Theological Turn,' and organization and management theory and practice." "Religion and Organization Theory (*Research in the Sociology of Organizations*, 41). *Emerald Group Publishing Limited* 41, 23–62. doi:10.1108/S0733-558X2014000041010.

Ethics Resource Center. (2012). "A call to action for more effective promotion and recognition of effective compliance and ethics programs." Retrieved from http://www.ethics.org/files/u5/fsgo-report2012.pdf.

Exline, J. J., and Bright, D. S. (2011). "Spiritual and religious struggles in the workplace." *Journal of Management, Spirituality & Religion* 8, 123–42. doi:10.1080 /14766086.2011.581812.

Faul, F., Erdfelder, E., Buchner, A., and Lang, A.-G. (2009). "Statistical power analyses using G*Power 3.1: Tests for correlation and regression analyses." *Behavior Research Methods* 41, 1149–60. doi:10.3758/BRM.41.4.1149.

Ferris, D. L., Rosen, C. R., Johnson, R. E., Brown, D. J., Risavy, S. D., and Heller, D. (2011). "Approach or avoidance (or both?): Integrating core self-evaluations within an approach/avoidance framework." *Journal of Personnel Psychology* 64, 137–61. doi:10.1111/j31744-6470.2010. 01204.x.

Frels, R. K., and Onwuegbuzie, A. J. (2013). "Administering quantitative instruments with qualitative interviews: A mixed research approach." *Journal of Counseling & Development* 91, 184-194. doi:10.1002/j.1556-6676.2013. 00085.x.

Fujiwara, K., Kano, M., and Hasebe, S. (2012). "Development of correlation-based pattern recognition algorithm and adaptive soft-sensor design." *Control Engineering Practice* 20, 371–78. doi: 10.1016/j.conengprac.2010.11.013.

Geary, J., and Trif, A. (2011). "Workplace partnership and the balance of advantage: A critical case analysis." *British Journal of Industrial Relations* 49, s44-s69. doi:10.1111/j.1467-8543.2010. 00827.x.

Gigerenzer, G., and Gaissmaier, W. (2011). "Heuristic decision making." *Annual Review of Psychology* 62, 451–82. doi:10.1146/ annurev-psych-120709-145346.

Gloede, T. D., Hammer, A., Ommen, O., Ernstmann, N., and Pfaff, H. (2013). "Is social capital as perceived by the medical director associated with coordination among hospital staff? A nationwide survey in German hospitals." *Journal of Interprofessional Care* 27, 171–76. doi:10.3109/13561820.2012.724125.

Goggins, S. P., Mascaro, C., and Valetto, G. (2013). "Group information: A methodological approach and ontology for sociotechnical group research." *Journal of the American Society for Information Science and Technology* 64, 516–39. doi:10.1002/asi .22802.

Gonzalez, M. A., Lebrigio, R. F. A., Van Booven, D., Ulloa, R. H., Powell, E., Speziani, F., and Zuchner, S. (2013). "Genomes management application (GEM.app): A new software tool for large-scale collaborative genome analysis." *Human Mutation* 34, 842–46. doi:10.1002/humu.22305.

Govaerts, M. J., Schuwirth, L. W. T., Vander Vieuten, C. P. M., and Muijtiens, A. M. M. (2011). "Workplace-based assessment: Effects of rater expertise." *Advancement in Health Sciences Education* 16, 151–65. doi:10.107/s10459-010-9250-7.

Guerra-López, I., & Thomas, M. N. (2011). "Making sound decisions: A framework for judging the worth of your data." *Performance Improvement* 50, 37–44. doi:10.1002/pfi.20219.

Handley, M. A., Schillinger, D., and Shiboski, S. (2011). "Quasi-experimental designs in practice-based research settings: Design and implementation considerations." *Journal of the American Board of Family Medicine* 24, 589–96. doi:10.3122/jabfm.2011.05.110067.

Hannah, S. T., and Avolio, B. J. (2010). "Moral potency: Building the capacity for character-based leadership." *Consulting Psychology Journal: Practice and Research* 62, 291–310. doi:10.1037/a0022283.

Hannah, S. T., Avolio, B. J., and May, D. R. (2011). "Moral maturation and moral conation: A capacity approach to explaining moral thought and action." *Academy of Management Review* 36, 663–85. doi:10.5465/amr.2010.0128.

Harolds, J. (2011). "Tips for leaders Part IV: Managing oneself and interacting well with others." *Clinical Nuclear Medicine* 36, 1017–19. doi:10.1097/RLU. obo13e31822d9eb7.

Hauge, L. J., Einarsen, S. Knardahi, S., Lau, B., Notelaers, G., and Skogstad, A. (2011). "Leadership and role stressors as departmental level predictors of workplace bullying." *International Journal of Stress Management* 18, 305–23. doi:10.1037 /a0025396.

He, Z. H., and Sun, Y. D. (2014). "An analysis of influencing factors relating to population aging in China based on SPSS." *Applied Mechanics and Material* 644, 5561–64. doi:10.4028/ AMM.644-650.5561.

Helliwell, J. F., and Huang, H. (2011). "Well-being and trust in the workplace." *Journal of Happiness Studies* 12, 747–67. doi:10.1007/ s10902-010-9225-7.

Hur, J., Sullivan, K. A., Callaghan, B. C., Pop-Busui, R., and Feldman, E. L. (2013). "Identification of factors associated with sural nerve regeneration and degeneration in diabetic neuropathy." Diabetes Care, 36, 4043–49. doi:10.2337/dc12-2530.

Ibrahim, A., and Al-Taneiji, S. (2013). "Principal leadership, school performance and principal effectiveness in Dubai schools." *International Journal of Research Studies in Education 2*, 21–35. doi:10.5861/ijrse.2012.86.

Indartono, S., and Wulandari, S. Z. (2013). "Moderation effect of gender on workplace spirituality and commitment relationship: Case of Indonesian ethics." *Asian Journal of Business Ethics 3*, 65–81. doi:10.1007/s13520-013-0032-1.

Isella, L. Stehle, J., Barrat, A., Cattuto, C., Pinton, J. F., and Van den Broeck, W. (2011). "What's in a crowd? Analysis of face-to-face behavioral networks." *Journal of Theoretical Biology* 27, 166–80. doi: 10.1016/j.jtbi.2010.11.033.

Ishizaka, A. (2012). "Clusters and pivots for evaluating a large number of alternatives in AHP." *Journal of Pesquisa Operacional* 32, 87–102. doi:10.1590/S0101-74382012000500002.

Kaptein, M. (2012). "From inaction to external whistleblowing: The influence of the ethical culture of organizations on employee responses to observed wrongdoing." *Journal of Business Ethics* 98, 513–30. doi:10.1007/s10551-010-0719-3.

Kazemipour, F., Mohamad Amin, S., and Pourseidi, B. (2012). "Relationship between workplace spirituality and organizational citizenship behavior among nurses through mediation of affective organizational commitment." *Journal of Nursing Scholarship* 44, 302–10. doi:10.1111/j.1547-5069.2012. 01456.x.

Kelly, J. F., Stout, R. L., Magill, M., Tonigan, S., and Pagano, M. E. (2011). "Spirituality in recovery: A lagged mediational analysis of alcoholics anonymous' principal theoretical mechanism of behavior change. *Alcoholism: Clinical and Experimental Research* 35, 454–63. doi:10.1111/j.1530-0277.2010. 01362.x.

Khoury, G. A., Baliban, R. C., and Floudas, C. A. (2011). "Proteone-wide post-translational modification statistics: Frequency analysis and curation of the swiss-prot." *Journal of Scientific Report* 1, 90. doi:10.1038/srep00090.

Klem, M., Melby-Lervag, M., Hagtvet, B., Lyster, J. A. H., Gustafsson, J. E., and Hulme, C. (2014). "Sentence repetition is a measure of children's language skills rather than working memory limitations." *Developmental Science* 18, 146–54. doi.10.1111/desc.12202.

Kotler, P. (2011). "Reinventing marketing to manage the environmental imperative." *Journal of Marketing* 75, 132–35. doi:10.1509/jmkg.75.4.132.

Kossek, E. E., Pichler, S., Bodner, T., and Hammer, L. B. (2011). "Workplace social support and work family conflict: A meta-analysis clarifying the influence of general and work family specific supervisor and organizational support." *Personal Psychology* 64, 289–313. doi:10.1111/1.744-6570.2011. 01211.x.

Kumara, K., Aruna, D. K., and Kumaraswamidhas, L. A. (2014). "SPSS: A data mining tool for analyzing the results of flow induced vibration excitation in an elastically mounted circular cylinder at different interference conditions." *Applied Mechanics and Materials* 592, 2086–90. doi:10.4028/AMM.592-594.2086.

Laschinger, H. S. K., Finegan, J., and Wilk, P. (2011). "Situational and dispositional influences on nurses' workplace well-being: The role of empowering unit leadership." *Nursing Research* 60, 124–31. doi:10.1007/NNR.0b013e18209782e.

Lidell, M. E., Betz, M. J., Leinhard, O. D., Heglind, M., Elander, L., Slawik, M., and Enerback, S. (2013). "Evidence for two types of brown adipose tissue in humans." *Nature Medicine* 191, 631–34. doi:10.1038/nm.3017.

Li, J., and Madsen, J. (2011). "Business ethics and workplace guanxi in Chinese SOEs: A qualitative study." *Journal of Chinese Human Resource Management* 2, 83–99. doi:10.1108/20408001111179140.

Lin-Hi, N, and Blumberg, I. (2012). "The link between self and societal interests in theory and practice." *European Management Review* 9, 19–30. doi:10.1111/j.1740-4762.2012. 01025.x.

Liu, C. H., and Robertson, P. J. (2010). "Spirituality in the workplace: Theory and measurement." *Journal of Management Inquiry* 20, 35–50. doi:10.1177 /1056492610374648.

Mahfoud, F., Schlaich, M., Kindermann, I. Ukena, C., Cremers, B., Brandt, M. C., and Bohm, M. (2011). "Effect of renal sympathetic denervation on glucose metabolism in patients with resistant hypertension a pilot study." *Circulation* 123, 1940–46. doi:10.1161/CIRCULATIONAHA.110.991869.

Malik, M. E., Naeem, B., and Ali, B. B. (2011). "How do workplace spirituality and organizational citizenship behavior influence sales performance of FMCG sales force." *Interdisciplinary Journal of Contemporary Research in Business* 3, 610–20. Retrieved from http://www.ijcrb.com/.

Manfredi, S., Pant, R., Pennington, D. W., and Versmann, A. (2011). "Supporting environmentally sound decisions for waste management with LCT and LCA." *International Journal of Life Cycle Assessment* 16, 937–39. doi:10.1007/s11367-011-0315-5.

McCormick, R. (2011). "Towards a more sustainable financial system: The regulators, the banks and civil society." *Law and Financial Markets Review* 5, 129–38. Retrieved from http:/www.hartjournals.w.uk/.

McGregor, D. (1960). *The human side of enterprise.* New York: McGraw-Hill.

Meivert, O., and Klevensparr, J. (2014). "Improvement of picking operations and development of work balancing model." Retrieved from http://urn.kb.se/resolve?urn=urn:nbn:se:hj:diva=24082.

Moffitt, T. E., Arseneault, L., Belsky, D., Dickson, N., Hancox, R. J., Harrington, H., and Caspi, A. (2011). "A gradient of childhood self-control predicts health, wealth, and public safety." *Proceedings of the National Academy of Sciences* 108, 2693–98. doi:10.1073/pnas.1010076108.

Moss, A. H. (2011). "Ethical principles and processes guiding dialysis decision making." *Clinical Journal of the American Society of Nephrology* 6, 2313-2317. doi:10.2215/CJN.03960411.

Mustanski, B. (2011). "Ethical and regulatory issues with conducting sexuality research with LGBT adolescents: A call to action for a scientifically informed approach." *Archives of Sexual Behavior* 40, 673–86. doi:10.1007/s10508-011-9745-1.

National Business Ethics Survey. (2012). "An investigation into the state of ethics at America's most powerful companies." Retrieved from http://ethics.org/nbes.

Neider, L. L., and Schriesheim, C. A. (2011). "Authentic Leadership Inventory (ALI): Development and empirical tests." *Leadership Quarterly* 22, 1146–64. doi: 10.1016/j.leaqua.2011.09.008.

Nimon, K. F., and Oswald, F. L. (2013). "Understanding the results of multiple linear regression beyond standardized regression coefficients." *Organizational Research Methods.* doi:10.1177/1094428113493929.

Nkwake, A. M. (2013). *Working with assumptions in international development program evaluation.* New York: Springer.

Olson, B., Molloy, K., and Shehu, A. (2011). "In search of the protein native state with a probabilistic sampling approach." *Journal of Bioinformatics and Computational Biology* 9, 383–98. doi:10.1142/s0219720011005574.

Onwuegbuzie, A. J. (2012). "Introduction: Putting the mixed back into quantitative and qualitative research in educational research and beyond: Moving toward the radical middle." *International Journal of Multiple Research Approaches* 6, 192–219. doi:10.5172/mra.2012.63.192.

Osborne, N. J., Koplin, J. J., Martin, P. E., Gurrin, L. C., Lowe, A. J., Matheson, M. C., and Health Nuts Investigators. (2011). "Prevalence of challenge proven IgE mediated food allergy using population based sampling and predetermined challenge criteria in infants." *Journal of Allergy and Clinical Immunology* 127, 668–76. doi: 10.1016/j.jaci.2011.01.039.

Ostlund, U., Kidd, L., Wengstrom, Y., and Rowa-Dewar, N. (2011). "Combining qualitative and quantitative research within mixed method research designs: A methodological review." *International Journal of Nursing Studies* 48, 369–83. doi: 10.1016/j.ijnurstu.2010.10.005.

Ouchi, W. G. (1981). *Theory Z: How American business can meet the Japanese challenge.* Reading, MA: Addison-Wesley.

Palanski, M. E., and Vogelgesang, G. R. (2011). "Virtuous creativity: The effects of leader behavioural integrity on follower creative thinking and risk taking." *Canadian Journal of Administrative Sciences* 28, 259–69. doi:10.1002/cjas.219.

Pargament, K. I., and Sweeney, P. J. (2011). "Building spiritual fitness in the Army: An innovative approach to a vital aspect of human development." *American Psychologist* 66, 58–64. doi:10.1037/a0021657.

Pastore, R. S., Carr-Chellman, A. A., and Lohmann, N. (2011). "User design: A case study or corporate change." *Performance Improvement Quarterly* 23, 27–48. doi:10.1002/piq.20098.

Peters, M. A., and Reveley, J. (2014). "Retrofitting Drucker: Knowledge work under cognitive capitalism." *Journal of Culture and Organization* 20, 135–51. doi:10.1080/14759551.2012.692591

Petrick, J. A., Cragg, W., and Sanudo, M. (2011). "Business ethics in North America: Trends and challenges." *Journal of Business Ethics* 104, 51–62. doi:10.1007 /s10551-012-1262-1.

Peus, C., Wesche, J. S., Streicher, B., Braun, S., and Frey, D. (2012). "Authentic leadership: An empirical test of its antecedents, consequences, and mediating mechanisms." *Journal of Business Ethics* 107, 331–48. doi:10.1007s10551-011-1042-3.

Piaw, C. Y., and Ting, L. L. (2014). "Are school leaders born or made? Examining factors of leadership Malaysia school leaders." *Procedia-Social and Behavioral Sciences* 116, 5120–24. doi: 10.1016/j.sbspro.2014.01.1084.

Piloto-Rodriguez, R., Sanchez-Borroto, Y., Lapuerta, M., Goyos-Perez, L., and Verhelst, S. (2013). "Prediction of the cetane number of biodiesels using artificial neural networks and multiple linear regression." *Energy Conversion and Management* 65, 255–61. doi: 10.1016/j.enconman.2012.07.023.

Pinsky, H. M., Dyda, S., Pinsky, R. W., Misch, K. A., and Sarment, D. P. (2014). "Accuracy of three dimensional measurements using cone beam CT." *Journal of Head & Neck Imaging* 35, 167–89. doi:10.1259/dmfr/20987648.

Polasky, S., Carpenter, S. R., Folke, C., and Keeler, B. (2011). "Decision making under great uncertainty: Environmental management in an era of global change." *Trends in Ecology & Evolution* 26, 398–404. doi: 10.1016/j.tree.2011.04.007.

Pot, F. (2011). "Workplace innovation for better jobs and performance." *International Journal of Productivity and Performance Management* 60, 404–15. doi:10.1108/17410401111123562.

Powell, C. (2003). *Leadership Principles.* https://www.shmula.com.

Powell, C. and Persico, J.E. (2003). *My American Journey.* Ballantine Books.

Rahimi, G. R. (2011). "The implication of moral intelligence and effectiveness in organization: Are they interrelated?" *International Journals of Marketing and Technology* 1, 67–76. doi:10.1007/s10943-012-9603-2.

Raqshin, S., & Nirjar, A. (2012). "Accruing individual potential for creativity and innovation in biotechnology firms." *International Journal of Innovation and Learning* 11, 162–81. doi:10.1504/IJIL.2012.045174.

Rausch, E., and Anderson, C. (2011). "Enhancing decisions with criteria for quality." *Management Decision* 49, 722–33. doi:10.1108/00251741111130814.

Resick, C. J., Hargis, M. B., Shao, P., and Dust, S. B. (2013). "Ethical leadership, moral equity judgments, and discretionary workplace behavior." *Human Relations* 66, 951–72. doi:10.1177/0018726713481633.

Robson, S. (2011). "Producing and using video data in the early years: Ethical questions and practical consequences in research with young children." *Children & Society* 25, 179–89. doi:10.1111/j.1099-0860.2009. 00267.x.

Roulston, K. (2011). "Working through challenges in doing interview research." *International Journal of Qualitative Methods* 10, 348–66. Retrieved from http://ejournals.library.ualberta.ca/index.php/IJQM/.

Sadowski, S. T., and Thomas, J. (2012). "Toward a convergence of global ethics standards: A model from the professional field of accountancy." *International Journal of Business and Social Science* 3, 14–20. Retrieved from http://www.ijbssnet.com/.

Sahin, F. (2012). "The mediating effect of leader member exchange on the relationship between Theory X and Y management styles and affective commitment: A multilevel analysis." *Journal of Management & Organization* 18, 159–74. Retrieved from http:// journals.cambridge.org/action/displayJournal?jid=JMO.

Samnani, A. K., and Singh, P. (2012). "20 years of workplace bullying research: A review of the antecedents and consequences of bullying in the workplace." *Aggression and Violent Behavior* 17, 581–89. doi:10.1007/s10551-010-0719-3.

Schaltegger, S., and Csutora, M. (2012). "Carbon accounting for sustainability and management. Status quo and challenges." *Journal of Cleaner Production* 36, 1–16. doi: 10.1016/j.jclepro.2010.06.024.

Selart, M., and Johnson, S. T. (2011). "Ethical decision making in organizations: The role of leadership stress." *Journal of Business Ethics* 99, 129–43. doi:10.1007/s10551-010-0649-0.

Seyal, A. H., and Rahman, M. N. A. (2014). "Testing Bass & Avolio model of leadership in understanding ERP implementation among Bruneian SMEs." *Journal of Organizational Management Studies* 18, 1–8. doi:10.5171/2013.869927.

Singh, A., and Rathore, N. (2014). "The organization is what the leader is: An ethical leadership framework for universities and research organizations." *Journal of Ethics in Science Technology and Engineering, 2014 IEEE International Symposium,* 1–6. doi:10.1109/ETHICS.2014.6893380.

Small, M. L. (2011). "How to conduct a mixed methods study: Recent trends in a rapidly growing literature." *Journal of Sociology* 37, 57–86. doi: 10.1146/annurev.soc.012809.102657.

Smoot, M. E., Ono, K., Ruscheinski, J., Wang, P. L., and Ideker, T. (2011). "Cytoscope 2:8 new feature for data integration and network visualization." *Journal of Bioinformatics* 27, 431–32. doi:10.1093/bioinformatics/btq675.

Soylu, S. (2011). "Creating a family or loyalty-based framework: The effects of paternalistic leadership on workplace bullying." *Journal of Business Ethics* 99, 217–31. doi:10.1007/s10551-010-0651-6.

Stanaland, A. J., Lwin, M. O., and Murphy, P. E. (2011). "Consumer perceptions of the antecedents and consequences of corporate social responsibility." *Journal of Business Ethics* 102, 47–55. doi:10.1007/s10551-011-0904-2.

Stenmark, C. K., and Mumford, M. D. (2011). "Situational impacts on leader ethical decision making." *Leadership Quarterly* 22, 942–55. doi: 10.1016/J.leaqua .2011.07.013.

Stouten, J., Van Dijke, M., and De Cremer, D. (2012). "Ethical leadership." *Journal of Personnel Psychology* 11, 1–6. doi:10.1027/1866-5888/ a000059.

Subashini, S., and Kavitha, V. (2011). "A survey on security issues in service delivery models of cloud computing." *Journal of Network and Computer Applications* 34, 1–11. doi:10.1016/jnca.2010.07.006.

Suhonen, R., Stolt, M., Virtanen, H., and Leino-Kilpi, H. (2011). "Organizational ethics: A literature review." *Nursing Ethics* 18, 285–303. doi:10.1177/0969733011401123.

Sung, S. Y., and Choi, J. N. (2012). "Effects of team knowledge management on the creativity and financial performance of organizational teams." *Organizational Behavior and Human Decision Processes* 118, 4–13. doi: 10.1016/j.obhdp.2012 .01.001.

Sutherland, I. (2013). "Arts-based methods in leadership development: affording aesthetic workspaces, reflexivity and memories with momentum." *Management Learning* 44, 25–43. doi:10.1177/1350507612465063.

Tannenbaum, R., and Schmidt, W. H. (1973). "How to choose a leadership pattern." *Harvard Business Review* 51, 162–64.

Tanner-Smith, E. E., and Tipton, E. (2014). "Robust variance estimation with dependent effect sizes: Practical considerations including a software tutorial in Stata ad SPSS." *Journal of Research Synthesis Methods* 5, 13–30. doi:10.1002/jrsm.1091.

Tavakol, M., and Dennick, R. (2011). "Making sense of Cronbach's alpha." *International Journal of Medical Education* 2, 53–55. doi: 10.5116/ijme.4dfb.8dfd.

Taylor, J., and Westover, J. H. (2011). "Job satisfaction in the public service: The effects of public service motivation, workplace attributes and work relations." *Public Management Review* 13, 731–51. doi:10.1080/14719037.2010.532959.

Thornberg, R. (2011). "She's weird, the social construction of bullying in school: A review of qualitative research." *Journal of Children & Society* 25, 258–67. doi:10.1111/j.1099-0860.2011. 00374.x.

Thun, B., and Kelloway, E. K. (2011). "Virtuous leaders: Assessing character strengths in the workplace." *Canadian Journal of Administrative Sciences/Revue* 28, 270–83. doi:10.1002/cjas.216.

Tonon, G. (2015). "The qualitative researcher in the quality of life field." *Qualitative Studies of Life* 55, 23–36. doi:10.1007/978-3-319-13779-7_2.

Torgerson, P. R., Paul, M., and Lewis, F. I. (2012). "The contribution of simple random sampling to observed variations in faecol egg counts." *Journal of Veterinary Parasitology* 188, 397–401. doi: 10.1016/j.vetpar.2012.03.043.

Toubiana, M., and Yair, G. (2012). "The solution of meaning in Peter Drucker's oeuvre." *Journal of Management History* 18, 178–99. doi:10.1108/1751134121120684.

Trapp, N. L. (2011). "Staff attitudes to talking openly about ethical dilemmas: The role of business ethics conceptions and trust." *Journal of Business Ethics* 103, 543-552. doi:10.1007/s10551-011-0879-9.

Trevino, L. K., den Nieuwenboer, N. A., and Kish-Gephart, J. J. (2014). "(Un) Ethical behavior in organizational." *Annual Review of Psychology Journal* 65, 635-660. doi:10.1146/annurev-psych-11301-143745.

Vaismoradi, M., Turunen, H., and Bondas, T. (2013). "Content analysis and thematic analysis: Implications for conducting a qualitative descriptive study." *Nursing & Health Sciences* 15, 398-405. doi:10.1111/nhs.12048.

Vandenberghe, C. (2011). "Workplace spirituality and organizational commitment: An integrative model." *Journal of Management, Spirituality & Religion* 8, 211–32. doi:10.1080/14766086.2011. 599146.

Van der Zwet, J., Zwietering, P. J., Teunissen, F. W., van der Vieuten, C. P. M., and Scherpbier, A. J. J. A. (2011). "Workplace learning from a socio-cultural perspective: creating development space during the general practice clerkship." *Advances in Health Sciences Education* 16, 359–73. doi:10.1007/s10459-010-9268-x.

Van Knippenberg, D. (2011). "Embodying who we are: Leader group prototypicality and leadership effectiveness." *Leadership Quarterly* 22, 1078–91. doi:10.1016/j. leaqua.2011.09.004.

Vohs, K. D., Baumeister, R. F., Schmeichel, B. J., Twenge, J. M., Nelson, N. M., and Tice, D. M. (2014). "Making choice impairs subsequent self-control: A limited resource account of decision making, self-regulation, and active initiative." *Journal of Motivation Science* 1, 19–42. doi:10.1037/2333-8113.1. S.19.

Weaver, B., and Wuensch, K. L. (2013). "SPSS and SAS programs for comparing Pearson correlations and OLS regression coefficients." *Behavior Research Methods* 45, 880–95. doi:10.3758/ s13428-012-0289-7.

Wei, M., and Jin, K. (2014). "Swimmer selection optimization strategy research based on SPSS factor analysis." *Journal of Chemical and Pharmaceutical Research* 6, 1059–68. Retrieved from http:// jocpr.com.

Welch, M. (2012). "Appropriateness and acceptability: Employee perspectives of internal communication." *Public Relations Review* 38, 246–54. doi: 10.1016/j.pubrev.2011 .12.017.

Wong, H. R. (2011). "Why do people hesitate? Perceived risk in workplace spirituality." *International Journal of Business and Management* 6, 57–63. doi:10.5539/ijbm. v6n11p57.

Wood, S., and de Menezes, L. M. (2011). "High involvement management, high performance work systems and well-being." *The International Journal of Human Resource Management* 22, 1586–1610. doi:10.1080/09585192.2011.561967.

Xu, B., and Li, K. (2014). "Study on related party transactions and decision making behavior of controlling shareholder based on SPSS software technology." *Applied Mechanics and Materials* 519, 1560–1561 doi:10.4028/AMM.592-594.2086.

Yammarino, F. J., Mumford, M. D., Serban, A., and Shirreffs, K. (2013). "Assassination and leadership: Traditional approaches and historiometric methods." *Leadership Quarterly* 24, 822–41. doi: 10.1016/j.leaqua.2013.08.004.

Yang, Y., and Konrad, A. M. (2011). "Understanding diversity management practices: Implications of institutional theory and resource based theory." *Group & Organization Management* 36, 6–38. doi:10.1177/1059601110390997.

APPENDIX A

Authentic Leadership Questionnaire (ALQ)

1. Say exactly what I mean.
2. Admit mistakes when they are made.
3. Encourage everyone to speak in line with feelings.
4. Tell you the hard truth.
5. Display emotions exactly in line with feelings.
6. Demonstrate beliefs that are consistent with actions.
7. Make decisions based on my core values.
8. Ask you to take positions that support your core values.
9. Make difficult decisions based on high standards of ethical conduct.
10. Solicit views that challenge my deeply held positions.
11. Analyze relevant data before coming to a decision.
12. Listen carefully to different points of view before coming to conclusions.
13. Seek feedback to improve interactions with others.
14. Accurately describe how others view my capabilities.
15. Know when it is time to reevaluate my position on important issues.
16. Show I understand how specific actions impact others.

APPENDIX B

Moral Potency Questionnaire (MCQ)

1. Confront my peers if they commit an unethical act.
2. Confront a leader if he/she commits an unethical act.
3. Always state my views about an ethical issue to my leaders.
4. Go against the group's decision whenever it violates my ethical standards.
5. Assume responsibility to act when I see an unethical act.
6. Do not accept anyone in my group behaving unethically.
7. Take charge to address ethical issues when I know someone has done something wrong.
8. Confront others who behave unethically to resolve the issue.
9. Readily see the moral/ethical implications in the challenges I face.
10. Work with others to settle moral/ethical disputes.
11. Take decisive action when addressing a moral/ethical decision.
12. Determine what needs to be done when I face moral/ethical dilemmas.

VOLUME II

LOS LÍDERES SE CONVIERTEN EN LIDERAZGO

Es mejor que sostengas tu reloj

Dr. Emmett Emery

CONTENTS

INTRODUCCIÓN

La pregunta es, ¿qué es más importante, el liderazgo o la gestión? Bueno, ambos son importantes, naturalmente, pero el liderazgo está por delante de la gestión. El liderazgo se considera la base de una organización. En la construcción de una organización, necesitan aprovechar la pasión y la visión de la organización con procesos disciplinados.

Peter Ferdinand Drucker, un consultor, educador y autor estadounidense de gestión y liderazgo nacido en Austria, cuyos escritos contribuyeron a los fundamentos filosóficos y prácticos de las operaciones comerciales modernas, fue muy discreto cuando dijo que la gestión es un esfuerzo importante, ya que se centró en el liderazgo durante la mayor parte de su carrera. Al principio de los escritos de Drucker, no veía el liderazgo como un factor positivo importante en un negocio porque creía que la gestión efectiva, no el liderazgo, era la clave del éxito.

Al final de su vida, Drucker reconoció que el liderazgo era importante. Una definición básica de un líder es una persona que inspira a los empleados con su visión para lograr un objetivo especial. El líder ayuda a los empleados a completar las estrategias para lograr el objetivo. El líder posee una buena previsión y puede

- motivar a los empleados
- crear e implementar team building
- apoyar la innovación y la mejora continua
- desarrollar la confianza entre los empleados

El líder se considera el eslabón importante debido a su capacidad para

- inspirar a los empleados
- realizar la visión de la empresa
- mostrar confianza en su capacidad
- mostrar una actitud positiva
- mostrar buenas habilidades de comunicación
- ser de mente abierta y estar dispuesto a escuchar a los empleados
- mostrar entusiasmo

Una definición básica de un gerente es una persona que administra a los empleados, a través de

- planificación
- organización
- dirección
- coordinación
- control

El gerente es considerado el organizador, debido a su capacidad para

- mostrar disciplina
- mostrar compromiso con el trabajo
- mostrar confianza en su capacidad
- mostrar una toma de decisiones efectiva
- ser competente
- mostrar paciencia
- etiqueta de exhibición

Además de las teorías de liderazgo de Drucker, también tienes las teorías de liderazgo de Douglas Abbot McGregor. McGregor es un coronel retirado del Ejército de los Estados Unidos y funcionario del gobierno, y autor, consultor y comentarista de televisión. McGregor fue un famoso profesor de gestión en el campo del desarrollo personal y la teoría motivacional. Es mejor conocido por su desarrollo de la teoría X y la teoría Y; ambos son teorías de liderazgo sobre dos estilos de liderazgo diferentes.

McGregor desarrolló la teoría del liderazgo X y la teoría Y en 1960. Las teorías se centran en la organización y la gestión en las que se representan dos percepciones opuestas sobre las personas en su entorno de trabajo. La Teoría X resume la visión tradicional de la gestión en varios supuestos característicos, en los que el estilo de liderazgo autocrático implica una estrecha supervisión y el principio jerárquico son los elementos clave.

La teoría Y parte de las suposiciones de que las personas tienen diferentes necesidades, y las personas son inherentemente felices de trabajar en esta teoría; los líderes quieren esforzarse en el proceso de toma de decisiones, y están motivados para perseguir objetivos y alcanzar un nivel superior.

La diferencia entre los puntos de vista de Drucker (1960) y McGregor (1960) sobre el liderazgo es que McGregor se centra en cuatro temas básicos de la lógica de la comunicación. McGregor señaló que los empleados necesitan un empujón o recompensa para hacer el trabajo. Existe una relación en una situación de gestión democrática que involucra a toda una empresa, desde el presidente hasta el representante de ventas.

Las creencias básicas de los gerentes tienen una fuerte influencia en la forma en que funcionan las organizaciones. Las suposiciones de los gerentes sobre el comportamiento de las personas son fundamentales para sus creencias (Drucker, 1960).

La descripción de Drucker de las creencias de McGregor se centra en el hecho de que el ser humano promedio

- tiene una aversión inherente al trabajo,
- busca evitarlo si es posible, y
- alentaría a las personas a no gustarles el trabajo.

La personalidad del liderazgo incrustado en la organización puede llevar a los líderes a coaccionar, controlar, dirigir y amenazar a los empleados con castigos para que hagan un esfuerzo adecuado hacia el logro de los objetivos de la organización. En ese momento, el control externo y la amenaza de castigo no son el único medio de lograr el esfuerzo hacia los objetivos de la organización. Siempre entendí que el compromiso con los objetivos es una función de las recompensas asociadas con el logro.

El enfoque convencional para administrar el liderazgo tiene tres propuestas principales: (a) el interés de los fines económicos como el pleno empleo o el crecimiento económico y la prosperidad, (b) la gestión de materiales como el flujo de ciclo completo de materiales y el flujo asociado de información, y (c) el dinero productivo de la empresa, como el control del gasto.

Los líderes usan el liderazgo para modificar el comportamiento de los individuos, controlar la acción de los individuos, dirigir el esfuerzo de los individuos y motivar a los individuos. Los líderes motivan a las personas a realizar tareas mediante el uso de métodos como recompensas, control y castigo.

Las principales propuestas de Drucker incluyen gerentes que organizan las condiciones y los métodos de operación para ayudar a los empleados a alcanzar los objetivos. Las principales propuestas también incluyen líderes que transmiten la responsabilidad de organizar el elemento de equipo, el dinero de la empresa productiva y los materiales. Además, el liderazgo incluye asumir la responsabilidad de reconocer, desarrollar y ayudar en las características individuales de los empleados.

La teoría de Drucker se puede aplicar de manera efectiva en contextos militares y en tiempos de estrés o emergencia. La teoría de Drucker aboga por un estilo de comunicación unidireccional. La comunicación unidireccional no permite generar ideas frescas. Los resultados de la comunicación unidireccional en un entorno de trabajo pueden ser el miedo y el resentimiento, lo que conduce a un alto ausentismo y rotación y dificulta la innovación y la creatividad. La teoría de Drucker involucra a los empleados en todos los niveles de la organización e incluye una serie de filosofías de gestión, como procedimientos lentos de promoción y evaluación, seguridad laboral a largo plazo, responsabilidad individual que involucra un contexto grupal y toma de decisiones consensuadas.

La teoría presentada por Drucker es la más prominente de las teorías y prácticas que definen el sistema integral de gestión y liderazgo. La teoría presentada por Drucker aborda la satisfacción de las necesidades de nivel inferior, como la incorporación de procesos grupales en la toma de decisiones, y la satisfacción de apoyar las necesidades de los empleados y de alentar a los empleados a asumir la responsabilidad de su trabajo y decisiones. Cuando los empleados asumen la responsabilidad de su trabajo y decisiones, satisfacen las necesidades de alto nivel y, a menudo, aumentan la productividad.

Las diferencias clave entre un líder y un gerente se basan en lo siguiente:

- Un líder influye en su subordinado para lograr un objetivo específico, mientras que un gerente es una persona que maneja toda la organización.
- Un líder posee la cualidad de la previsión, mientras que un gerente tiene la inteligencia.
- Un líder establece la dirección, mientras que un gerente planifica los detalles.
- Un líder tiene seguidores, mientras que un gerente tiene los empleados.
- Un líder utiliza los conflictos como un activo, mientras que un gerente evita los conflictos.
- Un líder utiliza el estilo transformacional, mientras que un gerente utiliza el estilo de liderazgo transaccional.
- Un líder promueve el cambio, mientras que un gerente reacciona al cambio.
- Un líder alinea a los empleados, mientras que un gerente organiza a los empleados.
- Un líder se enfoca en los empleados, mientras que un gerente organiza a los empleados.
- Un líder tiene como objetivo el crecimiento y desarrollo de sus compañeros de equipo, mientras que un gerente tiene como objetivo lograr los resultados finales.

Volvamos a Drucker; es muy importante entender que se centró en seis filosofías de liderazgo diferentes, que todavía se utilizan en la sociedad actual. Son

- liderazgo coercitivo: exige cumplimiento inmediato
- Liderazgo autoritario: moviliza a las personas hacia una visión
- liderazgo afiliativo: crea armonía y construye vínculos emocionales
- liderazgo democrático: forja el consenso a través de la participación
- Liderazgo que marca el ritmo: establece un alto estándar de rendimiento
- liderazgo de coaching: desarrolla personas para el futuro

Drucker no mencionó el liderazgo participativo en su teoría de la gestión, pero la filosofía de la gestión presentada por él se relaciona con el liderazgo participativo. Esto es cuando los gerentes tienden a creer que las personas están automotivadas para realizar un trabajo que les satisfaga. El liderazgo participativo implica específicamente tomar decisiones acertadas, compartir información con los empleados e involucrar a los empleados en el proceso de toma de decisiones. Los líderes con un estilo participativo alientan a los empleados a dirigir sus departamentos y tomar decisiones con respecto a las políticas y procesos.

La suposición y la creencia de Drucker son suposiciones sobre un entorno organizacional que definió lo que los líderes organizacionales consideran resultados significativos. Sus suposiciones sobre las competencias de cuidado definieron dónde una organización debe sobresalir para mantener un liderazgo efectivo. Al final de su vida, Drucker reconoció que el liderazgo era importante. Pero para que una organización logre resultados sólidos, necesita que tanto el liderazgo como la gestión estén presentes. Sin embargo, este libro se centrará en convertirse en un gran líder.

Muy a menudo se escucha la fase, "él / ella nació como un líder". Por curiosidad, me comuniqué con mi madre con respecto a esta frase. Mi madre me dijo que nací líder, lo que me hizo cuestionarme si la edad debería ser un factor en el liderazgo. Por supuesto, hay cierto debate sobre si algunos niños nacen líderes. La investigación de las psicólogas Susan Murphy y Stefanie Johnson indica que todos los niños tienen el potencial de desarrollar habilidades de liderazgo. En su revisión recientemente publicada de las "semillas tempranas del liderazgo", sugirieron que las tareas y habilidades de liderazgo se pueden desarrollar tan pronto como a los dos años de edad.

Fue extraño para Murphy y Johnson hacer referencia a Sigmund Freud en sus hallazgos. Se creía que las experiencias de la primera infancia de un líder, y las esperanzas, temores y deseos relacionados, eran muy influyentes, según Freud. Sigmund Freud fue un neurólogo austriaco que es quizás más conocido como el fundador del psicoanálisis. ¿Por qué mencioné que era extraño hacer referencia a Freud, cuyo conjunto bien desarrollado de técnicas terapéuticas centradas en la terapia de conversación que implicaba el uso de estrategias como la transferencia, la asociación libre y la interpretación de los sueños, que creo que son todas cosas lógicas para un niño?

Los líderes son liderazgo

La situación en el lugar de trabajo, la necesidad de la empresa, la personalidad de los empleados y la cultura de la organización son el producto de una sólida base de liderazgo. El liderazgo es importante. Y también es importante recordar que el trabajo del líder en la organización es crear el futuro deseado para la organización.

Esto significa que los líderes dentro de la organización necesitan desarrollar una participación íntima con las direcciones estratégicas de su empresa. Eso, por supuesto, requerirá que los líderes examinen el papel de las capacidades de aprendizaje organizacional, que examinen los vínculos entre las brechas que existen y en términos de explorar los factores que involucran el futuro de la organización.

Además de examinar el papel de las capacidades de aprendizaje organizacional, la implementación de prácticas de liderazgo estratégicas efectivas podría ayudar a los líderes empresariales a mejorar el rendimiento, mientras compiten en entornos turbulentos e impredecibles. Esto alienta a los líderes a centrarse en el papel de su trabajo, que es crear el futuro deseado para la organización. Esto se hace a través del desarrollo de metas que alientan a los líderes a esforzarse y lograr una meta personal, basada en un marco teórico derivado y propuestas.

Y una de las mayores distracciones para un líder es quedar atrapado en la política organizacional. Juegan un papel importante en la integridad del líder, y su carácter se convierte en un punto focal. Elevarse por encima de la política organizacional requiere redefinir el éxito y el progreso y avanzar en la visión que muchos empleados eligen tener en lugares de trabajo altamente políticos.

Los líderes en tales lugares de trabajo extraen las diferencias entre la ética del lugar de trabajo y la política del lugar de trabajo. La diferencia entre los dos es que la ética en el lugar de trabajo agrega valor a los resultados de una empresa, mientras que la política en el lugar de trabajo no lo hace.

Por lo tanto, los líderes que siguen un modelo de liderazgo empresarial deben considerar la creación de iniciativas de calidad, eficiencias de liderazgo y el máximo uso de las fortalezas de los empleados en las operaciones diarias. Y los líderes deben monitorear las características financieras y no financieras del trabajo de esas operaciones. El líder necesita entender la importancia de

- iniciativas de calidad de la construcción
- eficiencias de liderazgo
- máximo aprovechamiento de las fortalezas de los empleados
- características financieras y no financieras del trabajo

Todo lo anterior juega un papel en la integridad del liderazgo del carácter y deja resultados en el lugar de trabajo, lo que muestra que las ganancias mutuas son pesimistas y restringen la perspectiva de mutualidad. Y uno de los resultados es reducir el estrés porque el estrés puede ser un factor y tener una parte en la integridad y el carácter del liderazgo.

Un ejemplo sería el estudio conceptual y empírico sobre una economía dirigida durante una espiral descendente. La espiral descendente causó una disminución en la confianza del consumidor, un aumento en el desempleo, la falta de acceso a atención médica asequible y una crisis en las finanzas de la organización.

Por lo tanto, la comunicación debe ser un punto de enfoque en el lugar de trabajo. Y es una parte importante del liderazgo. Los seres humanos se han comunicado entre sí en muchas formas diferentes desde tiempos inmemoriales. La historia de la comunicación se remonta al comienzo del discurso, alrededor del año 100.000 a.c. Y el origen de los símbolos de comunicación se remonta al año 30.000 a.C.

Varios símbolos utilizados durante el período fueron pinturas rupestres, petroglifos, pictogramas e ideogramas. El proceso de comunicación es cíclico. Comienza con el emisor y termina con el receptor, mientras que el receptor puede o no puede comunicarse. La comunicación puede variar desde procesos muy sutiles de intercambio, hasta una conversación completa y una comunicación masiva.

Y la comunicación entre líderes y empleados no es efectiva a menos que sea positiva entre el liderazgo y la gerencia. La comunicación ayuda a los líderes a organizar a los trabajadores, a maximizar la eficiencia, fomentar las habilidades, desarrollar el talento, inspirar resultados y esforzarse por equilibrar las diversas demandas a menudo contradictorias de varios programas públicos. Y los programas públicos pueden ser organizados por la comunidad empresarial de la organización.

Por lo tanto, la comunicación debe ser efectiva, y la efectividad comienza con la comprensión del conjunto de habilidades de las personas que trabajan para usted. La comunicación ayuda a los líderes a colocar a sus empleados en las posiciones correctas para tener éxito. Y ayuda a establecer el tono del entorno y construir la cultura de la organización.

Y la membresía es ese ambiente y cultura. Y puede basarse en su estilo de liderazgo. Se pueden usar seis tipos diferentes de estilos de liderazgo, y cada uno se relaciona con la filosofía de liderazgo de Peter Drucker.

Drucker es aclamado como el padre de la gestión moderna. Formuló una teoría que todavía se usa hoy en día y creía que los líderes deberían, por encima de todo, ser líderes. En lugar de establecer horarios estrictos y desalentar la innovación, optó por un enfoque más flexible y colaborativo.

Estilo de liderazgo coercitivo

El líder coercitivo exige el cumplimiento inmediato de sus órdenes. Tienen un estilo que se describe mejor como: "Haz lo que te digo, o de lo contrario". Las palabras utilizadas para describir este tipo de individuo incluyen

- implacable
- dominante
- inflexible
- persistente
- áspero
- despiadado

Estilo de liderazgo autoritario

Esto es cuando el líder tiene el control completo. Un líder autorizado es aquel que establece la meta, determina los procesos y supervisa todos los pasos que se necesitan para alcanzar esas metas, con poca o ninguna contribución de los miembros del equipo. Un líder autorizado moviliza a un equipo hacia una visión común y se enfoca en los objetivos finales, dejando los medios a otros. Algunas de las principales características incluyen:

- poca o ninguna aportación de los miembros del grupo,
- líderes que toman las decisiones y dictan todos los procesos y métodos de trabajo, y
- a los miembros del grupo rara vez se les confía tareas o decisiones importantes.

Estilo de liderazgo afiliativo

Este es uno de los seis estilos de liderazgo emocional. Este método, junto con estilos visionarios, de coaching, democráticos, dominantes y de marcapasos, impacta directamente en las emociones de los empleados.

Los rasgos populares de este estilo promueven los lazos emocionales entre los empleados y sus empleadores.

Un líder afiliativo trabaja para crear vínculos emocionales que traigan un sentimiento de vinculación y pertenencia a la organización. Se centran en la resolución de conflictos y promueven la armonía entre sus seguidores. Este tipo de líder también construirá equipos que se aseguren de que los seguidores se sientan conectados entre sí.

Estilo de liderazgo democrático

El liderazgo democrático, también conocido como liderazgo participativo o compartido, es un estilo en el que los miembros del grupo toman un papel más participativo en el proceso de toma de decisiones. Construye consenso a través de la participación, en la que todos tienen la oportunidad de participar, las ideas se intercambian libremente y se fomenta la discusión.

Si bien el proceso democrático tiende a centrarse en la igualdad grupal y la idea del libre flujo, el líder del grupo todavía está allí para ofrecer orientación y control. El líder democrático es el encargado de decidir quién está en el grupo y quién puede contribuir a las decisiones que se toman.

Estilo de liderazgo que marca el ritmo

El liderazgo que marca el ritmo es cuando el líder establece un ejemplo de alto rendimiento, ritmo y calidad. Se espera que los miembros del equipo sigan su ejemplo, y el líder valora los resultados más que nada. Un líder que marca el ritmo espera y modela la excelencia y la autodirección. Este estilo funciona mejor cuando el equipo ya está motivado y capacitado, y el líder necesita resultados rápidos. Estos son los elementos del liderazgo que marca el ritmo:

- Automotivación. Un líder que marca el ritmo es altamente automotivado. Tienen un fuerte deseo de tener éxito y establecen estándares de rendimiento extremo y perfección.
- • Requisitos claramente comunicados. No hay lugar para la ambigüedad. Un líder efectivo que marca el ritmo sabe que no se puede esperar una alta calidad de un equipo si los requisitos no están claros. Por lo tanto, este líder comenzará cada proyecto asegurándose de que los requisitos se entiendan claramente, antes de pedir a los empleados que completen sus tareas asignadas.
- Iniciativa. El tiempo siempre está trabajando en contra de los elevados objetivos que los líderes que marcan el ritmo se esfuerzan por lograr. Por lo tanto, utilizan una gran iniciativa, para hacer las cosas lo más rápido posible. A un empleado que no se mantiene al día con el enfoque acelerado del líder se le puede pedir que se haga a un lado, para que el líder pueda hacerse cargo. No hay tiempo para que las tareas se atrasguen.
- Establecimiento de tendencias. Un líder que marca el ritmo lidera con el ejemplo. Establecen la tendencia para que otros la sigan. Aquellos que no pueden mantenerse al día con la tendencia a menudo se quedan en el camino.

Estilo de liderazgo de coaching

En lugar de tomar todas las decisiones y delegar tareas usted mismo, como es el caso en el estilo de liderazgo autocrático, el líder de coaching toma la iniciativa, para obtener lo mejor de sus empleados o equipo. Los líderes de coaching pueden motivar y ayudar a otros, para desarrollar sus habilidades, fortalecerse y trabajar juntos con más éxito. El líder de coaching desarrolla personas para el futuro.

Pueden centrarse en la lógica de la comunicación. Y hay cuatro estilos básicos de liderazgo adicionales a considerar, cuando se enfoca en la lógica de la comunicación. El primero es el liderazgo autocrático . Esto rara vez es efectivo en el lugar de trabajo durante un corto período.

Un estilo autocrático puede ser más efectivo cuando se mezcla y complementa con otro liderazgo. Hay ventajas y desventajas en este estilo. Las ventajas son que impulsa para obtener resultados rápidos, y es efectivo cuando nadie más sabe qué hacer. Las desventajas son cuando los líderes usan este estilo y no construyen equipos ni se comunican bien.

El segundo liderazgo es el liderazgo democrático, que es el lado aceptable de la gerencia porque todos los empleados tienen la oportunidad de expresar sus opiniones. Y las discusiones son relativamente fluidas. Los cursos de capacitación en habilidades de gestión efectivas tienden a promover muchas de las cualidades porque ayudan a nutrir el talento, promover la honestidad y desarrollar equipos a largo plazo.

Y las ventajas suelen encajar bien con los negocios. Es útil para resolver problemas complejos, bueno en entornos creativos y construye equipos fuertes. Las desventajas son que lleva mucho tiempo, puede parecer indeciso y puede volverse apologético.

El tercer liderazgo es el liderazgo burocrático. A pesar de que a muchos estadounidenses no les gusta la burocracia, prevalecerá un buen modelo organizativo. La mayoría de los estadounidenses trabajan en entornos burocráticos o se enfrentan a ellos, en escuelas, hospitales, el gobierno, etc.

Las ventajas son que desalienta el favoritismo y tiene un efecto positivo en los empleados. La desventaja es que es democrático, y que la adhesión ciega a las reglas puede inhibir la acción exacta necesaria para lograr los objetivos de la organización.

El liderazgo final es el liderazgo de laissez-faire . El laissez-faire, también conocido como delegación de liderazgo, implica un liderazgo sin intervención y permite a los miembros del grupo tomar decisiones. La ventaja del liderazgo de laissez-faire es que puede ser efectivo en situaciones en las que los miembros del grupo están altamente calificados, motivados y capaces de trabajar por su cuenta. La desventaja del laissez-faire es que no es ideal en situaciones donde los miembros del grupo carecen del conocimiento o la experiencia que necesitan para completar tareas y tomar decisiones.

CAPÍTULO 2

Líderes corporativos de EE.UU. frente a líderes militares de EE.UU.

En el mundo corporativo, el liderazgo comienza desde el exterior, mientras que en el ejército, el liderazgo comienza desde el interior. El mayor desafío que enfrentan los líderes en el mundo corporativo es que la búsqueda de buenos líderes se ha vuelto difícil; está tomando más tiempo encontrar y contratar personas y desarrollar líderes. Entonces, ¿qué hacen los líderes mundiales corporativos para aferrarse a sus líderes?

- Crear una hoja de ruta hacia el éxito.
- Comunicarse para desarrollar relaciones.
- Las lecturas de temperatura son esenciales para identificar errores.
- Poner un gran peso en las revisiones de rendimiento. Realizar las revisiones de desempeño para (1) mejorar el desempeño general, (2) aumentar el compromiso de los empleados, (3) identificar oportunidades de promoción, (4) identificar las necesidades de capacitación y (5) fortalecer las relaciones y la lealtad.

Desarrollo del Marco del Programa de Capacitación

El mundo corporativo crea programas de capacitación, con el desarrollo del marco que consiste en lo siguiente:

Evaluación de necesidades. Esta parte del desarrollo del marco le pide que considere qué tipo de capacitación se necesita para el liderazgo. Los elementos son

- evaluación organizacional
- evaluación ocupacional (de tareas)
- evaluación individual

Objetivos de aprendizaje. Una vez que se ha determinado la evaluación de la necesidad, puede establecer objetivos de aprendizaje para medir al final de la capacitación.

- Explicar o demostrar al final del período de capacitación.
- Los buenos objetivos de aprendizaje se basan en el rendimiento y son claros.
- El resultado de los objetivos de aprendizaje puede ser observable o medido de alguna manera.

Estilo de aprendizaje. La consideración de los estilos de aprendizaje es importante para el desarrollo de los programas de capacitación. Los estilos son

- aprendiz visual
- aprendiz auditivo
- aprendiz kinestésico

Modo de entrega. La mayoría de los programas de capacitación incluirán una variedad de métodos de entrega, que incluyen:

- formación en el puesto de trabajo
- mentor
- almuerzo de bolsa marrón

- basado en la web
- observación de trabajos
- intercambio de trabajo
- formación del vestíbulo

Cree y finalice el presupuesto: determine cuánto dinero tiene que gastar en esta capacitación.

- ¿Cuál será el costo de la capacitación?
- Además del costo real de la capacitación, también considere el costo de producción del tiempo perdido por los empleados.
- Cree una hoja de cálculo de Excel que enumere todos los costos directos (materiales, bocadillos, etc.) y los costos indirectos (como el tiempo de los empleados).

Estilo de entrega. ¿La capacitación será individual, a su propio ritmo o dirigida por un instructor? Considere lo siguiente:

- El mejor estilo para impartir la formación.
- Hacer que el entrenamiento sea lo más interactivo posible, a través de auditiva, kinestésica o visual.
- Implementar métodos como videos en línea, podcasts, seminarios, etc.

Conoce a tu audiencia. Comprender las responsabilidades del trabajo y cómo hacer que la capacitación sea relevante para sus trabajos individuales.

- ¿Cuánto tiempo llevan en la organización?
- ¿En qué departamentos trabajan los empleados?

Toma una decisión sobre el contenido. ¿Cómo se hará la secuencia de información o cuáles son las necesidades de los individuos en formación?

- Ser capaz de definir y explicar el manejo de materiales en el lugar de trabajo.

- Ser capaz de utilizar el modelo de proceso de decisión del equipo.
- Comprender la definición de toma de decisiones en el lugar de trabajo.
- Comprender y ser capaz de explicar las políticas y estructuras de la empresa.

Crea una línea de tiempo. ¿Cuál es la duración del desarrollo de la formación?

- ¿En qué marco de tiempo debe un empleado ser capaz de completar la capacitación?
- ¿Cuánto tiempo crees que se necesita para la sección de formación?
- Tenga en cuenta el hecho de que la mayoría de los empleados no tienen mucho tiempo para la capacitación, y mantenga el tiempo de capacitación realista y conciso.

Decida el tipo de comunicación. ¿Cómo sabrán los empleados que la capacitación está disponible para ellos?

- ¿Cómo comunicará el material a los empleados?
- Utilizar métodos como la intranet de la empresa, correo electrónico, etc.

Medir la efectividad del entrenamiento: La medición se realiza para medir la efectividad de su entrenamiento. Modelo de Donald Kirkpatrick:

- Reacción. ¿Cómo reaccionaron los participantes al programa de capacitación?
- Aprendizaje. ¿En qué medida los participantes mejoraron los conocimientos y habilidades?
- Comportamiento. ¿Cambió el comportamiento debido al entrenamiento?
- Resultados. ¿Qué beneficios para la organización resultaron de la capacitación?

Líder/Liderazgo Militar de los Estados Unidos

Serví catorce años en la Marina de los Estados Unidos. Mis primeros dos años los pasé entendiendo cómo liderar, siendo un buen seguidor. No solo siguiendo las instrucciones que se me dieron, sino también reconociendo y siguiendo la forma en que me dieron las órdenes. Entonces, cuando llegó el momento de ser un líder, estaba listo; el momento llegó antes de lo que la mayoría hubiera esperado. Hice filas al nivel de liderazgo en dos años.

Entendí el concepto de ser un líder antes de alistarme en la Marina de los Estados Unidos, al participar en deportes de equipo, como baloncesto, béisbol y atletismo. Fui capitán en cada uno de los deportes en los que participé, pero eso no me preparó para el liderazgo en la Marina de los Estados Unidos. No tuve que pasar por las etapas de liderazgo como atleta en los equipos deportivos en los que participé; los mejores jugadores eran automáticamente considerados líderes.

Sin embargo, aprendí mientras era un seguidor en la marina que había ciertas cualidades para ser un líder en el ejército. Un buen líder en la Marina de los Estados Unidos era siempre tratar a los demás marineros con dignidad y respeto, y ponerse por encima de los más altos estándares y responsabilizarse a sí mismo y a todos bajo su liderazgo por mantenerlos.

Se entiende que los oficiales militares superiores tienen una calificación más alta que sus contrapartes civiles en el liderazgo. Mientras servía en servicio activo y procesaba para ser dado de alta, reuní investigaciones que muestran que los altos oficiales militares obtuvieron puntajes más bajos en la gestión que sus contrapartes civiles.

Los líderes en el ejército tenían una base común para guiar a las personas en la interacción orientada a objetivos. Esa interacción incluye

- liderazgo estratégico
- liderazgo operacional y táctico
- gestión de objetivos

- gestión de operaciones
- gestión de proyectos y proyectos

Una de las cualidades más importantes de un buen líder de la marina era el liderazgo con el ejemplo.

Recuerdo cuando llegué a mi primer lugar de destino permanente directamente después de completar el campamento de entrenamiento. Yo era un recluta no designado. Un recluta no designado es una persona alistada a través del programa Professional Apprentice Career Track (PACT); este programa permite a los marineros trabajar en su primer lugar de destino permanente sin elegir un trabajo, dada la oportunidad de decidir sobre el trabajo que desean más adelante.

Las tres categorías son marinero, bombero y aviador. Mi primer lugar de destino permanente fue Kelivack (Islandia); mi ejemplo de líder fueron las tres categorías, y me hizo trabajar en las tres áreas durante tres semanas cada una. Después de elegir un trabajo en el área de marineros, mi líder se encargó de transferirme al área. Después de verlo trabajar conmigo y con otros y apreciar lo que estaba haciendo por mí, la primera oportunidad que tuve de liderar, utilicé el método que usó mi primer líder. Mostró un liderazgo sobresaliente con el ejemplo.

Después de dar de baja del ejército y trabajar en la América corporativa por primera vez, noté que el método de liderar con el ejemplo estaba muy arraigado en la forma en que mostré mis habilidades de liderazgo en los procesos cotidianos. También noté que el liderazgo corporativo carece del principio de responsabilidad. Si ninguna persona está a cargo y es responsable, la organización no responsabiliza a nadie. Una de las tres patas del taburete de la rendición de cuentas es la responsabilidad.

Liderar con el ejemplo es una gran necesidad para involucrar a los empleados en el lugar de trabajo por razones de desarrollo personal, servicio al cliente, producción y moral de los empleados. Más temprano que tarde me di cuenta de que si contrataba a veteranos que eran líderes en el ejército, dejarían un impacto inmediato, decisivo y duradero en el lugar de trabajo, porque era muy consciente de su estilo de liderazgo, y que su forma de liderazgo sería el liderazgo con el ejemplo.

Liderazgo por ejemplo método de liderazgo:

- al centrarse en la acción
- mediante el seguimiento de la llegada y salida del lugar de trabajo
- caminando por ahí comunicándose con los empleados
- mediante la realización de coaching puntual para el desarrollo de los empleados
- mediante el uso de cumplidos específicos
- al estar abierto al cambio
- destacando el éxito de los demás
- al tener una comunicación abierta
- por la forma en que te vistes y hablas
- mediante la realización de exámenes o informes de mitad de período y anuales

Líderes militares a lo largo de los años

- El rey David, una figura muy importante para la doctrina y la cultura judía, cristiana e islámica. En la Biblia, David se convirtió en el segundo rey de Israel después de Saúl. En la profecía, el Mesías prometido por Dios viene a través de la línea de David, quien es Jesucristo.
- Sun Tzu: un antiguo filósofo, estratega y general militar chino, que se dice que escribió el *Arte de la Guerra*, un antiguo texto chino sobre estrategia militar.
- Alejandro Magno: estableció uno de los imperios más grandes del mundo antiguo, con límites desde el Mar Jónico hasta el Himalaya. Uno de los comandantes militares más exitosos, estaba invicto en la batalla.
- Macbeth: un rey de los escoceses que es mejor conocido por el relato ficticio de William Shakespeare. En el relato ficticio,

es retratado como malvado y despiadado. En realidad, era un monarca capaz que era muy admirado.

- Saladino: fundó la dinastía ayubí. Musulmán kurdo que se convirtió en el primer sultán de Egipto y Siria. En la cima de su poder, su gobierno incluía Yemen, Hejaz, Mesopotamia, Siria, Egipto y partes del norte de África.
- Genghis Khan: nacido como Temujin, estableció el Imperio Mongol y se convirtió en el Gran Khan. El imperio se convirtió en el imperio más grande de la historia.
- Enrique V, rey de Inglaterra, adquirió mucha experiencia militar mientras luchaba contra los señores que se rebelaron contra su padre, Enrique IV. Después de la muerte de su padre, Enrique rápidamente obtuvo el gobierno del país e inició una guerra con Francia. Su hijo, Enrique VI, se convirtió en el disputado rey de Francia.

Juana de Arco: llevó al ejército francés a varias victorias significativas durante la Guerra de los Cien Años, que contribuyó a la coronación de Carlos VII de Francia.

- Hernán Cortés: conquistador español a principios del siglo XVI. Dirigió una expedición que derribó el Imperio Azteca y puso grandes porciones del México moderno bajo el gobierno del Rey de Castilla.
- Oda Nobunaga: a finales del siglo XVI, Nobunaga comenzó la unificación de Japón bajo el Shogunato, que gobernó Japón hasta la Restauración Meiji en 1868.
- Pedro el Grande: en numerosas guerras exitosas, expandió el zarato de Rusia en un imperio, y Rusia se convirtió en una gran potencia europea.
- George Washington, un padre fundador de los Estados Unidos. Fue el comandante del Ejército Continental durante la Revolución Americana.
- John Paul Jones: marinero escocés que se convirtió en el primer caza naval conocido de los Estados Unidos en la Revolución Americana. Aunque se hizo enemigo de algunos políticos

estadounidenses, todavía fue honrado por sus escaramuzas en aguas británicas durante la guerra.

- Napoleón Bonaparte: líder militar y emperador francés que saltó a la fama durante la Revolución Francesa y las guerras europeas asociadas.
- Robert E. Lee: comandante confederado del Ejército del Norte de Virginia en la Guerra Civil Americana. Lee fue un gran líder militar y fue honrado incluso después de su derrota en la Guerra Civil.
- Ulysses S. Grant: exitoso general de guerra en la segunda mitad de la Guerra Civil. Su liderazgo trajo la victoria del ejército de la Unión sobre sus oponentes confederados. Más tarde se convirtió en presidente de los Estados Unidos.
- Theodore Roosevelt: vigésimo sexto presidente de los Estados Unidos. Aparte de la política, Roosevelt fue famoso por sus logros como explorador, naturalista, cazador, autor y soldado.
- Adolf Hitler, canciller de Alemania. Gobernó la Alemania nazi como su dictador. La causa del nazismo, la Segunda Guerra Mundial y el Holocausto.
- Dwight D. Eisenhower: trigésimo cuarto presidente de los Estados Unidos y general de cinco estrellas en el Ejército de los Estados Unidos durante la Segunda Guerra Mundial. También, comandante supremo de las Fuerzas Aliadas en Europa.
- Mao Zedong: revolucionario comunista chino, político y teórico político. Fundador de la República Popular China. Lentamente subió al poder durante un período de gran conflicto y lucha en China.
- Fidel Castro: revolucionario y político comunista cubano. Una figura clave de la Revolución Cubana. Castro era políticamente un marxista-leninista. Cuba se convirtió en un estado socialista de partido único bajo su administración.
- Colin Powell: general de cuatro estrellas en el Ejército de los Estados Unidos y estadista estadounidense. Fue el primer afroamericano en servir como Secretario de Estado de los Estados Unidos, sirviendo bajo el presidente George W. Bush.

Los líderes militares siguen los principios de liderazgo, así como varios ejemplos históricos educativos e inspiradores, que pueden o no correlacionarse con un artículo disciplinario enumerado en el Código Uniforme de Justicia Militar (UCMJ), como los siguientes:

- Plomo desde el frente.
- Tener confianza en sí mismo, no egoísmo.
- Tener coraje moral.
- Tener coraje físico.
- Fomentar el trabajo en equipo.
- Tener condición física y energía.
- Sé agresivo y audaz.
- Cuidar al personal militar.
- Ser un estudiante del pasado.
- Sé decisivo.
- Mostrar determinación.
- Tener un carácter fuerte.

Estos son los principios de los líderes militares estadounidenses:

- Nada sucede sin ejemplo, incluso si el ejemplo es tuyo.
- Enseñar lo básico ... luego enséñales de nuevo.
- Tómese momentos frecuentes para reconocer y reconocer los sacrificios que sus miembros del servicio y sus familias están haciendo.
- Nada es más importante que cumplir la misión... excepto para cuidar a su gente.
- Los mejores líderes pueden mostrar, cuando sea apropiado, confianza y humildad.
- Las buenas ideas no tienen rango.
- El liderazgo no es una cosa; es una relación.
- Nunca deje que el sol se ponga en el problema de pago de un miembro del servicio.
- Cuida las cosas pequeñas, y las cosas grandes se tomarán de sí mismas.

- Una función central de toda organización militar es desarrollar líderes.
- Todo toma ocho veces más tiempo de lo que crees que lo hará.

El Ejército de los Estados Unidos incluye los siguientes principios de liderazgo:

- Tratar siempre a las personas con dignidad y respeto.
- Gane y construya la confianza de sus soldados, civiles, compañeros, familias, líderes y el público.
- Establezca los más altos estándares y hágase responsable a sí mismo y a todos en su organización de mantenerlos.
- Comunicarse horizontal y verticalmente, abiertamente, de manera transparente y justa.
- Asesorar, evaluar y reconocer a los miembros de su equipo de manera honesta y justa.
- Lea y reflexione sobre la profesión del ejército, su rama, su organización y su misión.
- Mantenga el equilibrio dedicando tiempo a su familia y comunidad.
- Tener energía.
- Sé decisivo.
- Sé desinteresado.

Estos son los principios de liderazgo de Colin Powell:

- Ser responsable a veces significa molestar a la gente.
- El día en que los soldados dejan de traerte sus problemas es el día en que has dejado de dirigirlos.
- No te dejes engañar por expertos y élites. Los expertos a menudo poseen más datos que juicios. Las élites pueden llegar a ser tan endogámicas que producen hemofílicos que mueren desangrados tan pronto como son apodados por el mundo real.
- No tengas miedo de desafiar a los profesionales, incluso en su propio patio trasero.

- Nunca descuide los detalles. Cuando la mente de todos está apagada o distraída, el líder debe estar doblemente vigilante.
- No sabes con qué puedes salirte con la tuya hasta que lo intentas.
- Sigue mirando por debajo de la apariencia de la superficie. No te abstengas de hacerlo (solo) porque es posible que no te guste lo que encuentras.
- La organización realmente no logra nada. Los planes tampoco logran nada. Las teorías de la gestión no son muy amables. Los esfuerzos tienen éxito o fracasan debido a las personas involucradas. Solo atrayendo a las mejores personas lograrás grandes obras.
- Los organigramas son fotos congeladas y anacrónicas.
- Nunca dejes que tu ego se acerque tanto a tu posición que cuando tu posición se vaya, tu ego vaya con ella.

CAPÍTULO 3

Ética y no ética

De la ética del comportamiento podría haber surgido solo cuando los seres humanos comenzarona reflexionar sobre la mejor manera de vivir. La década de 1960 trajo la primera gran ola de cambios en la ética empresarial. Hoy en día, las organizaciones responden a los diferentes problemas de la ética empresarial alineando sus principios éticos con las nuevas normas sociales.

La ética en el ejército de los Estados Unidos son estándares por los cuales uno debe actuar en base a valores y valores éticos primarios, que incluyen los siguientes:

- honestidad
- integridad
- lealtad
- responsabilidad
- equidad
- cuidado
- respeto
- promesa mantener una ciudadanía
- responsable búsqueda
- de la excelencia
- ética y conflicto de intereses prohibiciones
- compensación de otras fuentes sistemas de
- comunicación redacción

- para publicaciones
- actividades prohibidas

Una de las principales razones por las que el ejército de los Estados Unidos promulga estándares y guías éticas es crear uniformidad en lo que hacen los miembros militares y cómo actúan los miembros militares. La teoría de Drucker se puede aplicar de manera efectiva en contextos militares estadounidenses y en tiempos de estrés o emergencia. La teoría de Drucker aboga por un estilo de comunicación unidireccional. La desventaja de la comunicación unidireccional es que no permite que se generen ideas frescas.

La comunicación unidireccional en un entorno de trabajo puede causar miedo y resentimiento, lo que podría conducir a un alto ausentismo y una alta rotación, lo que dificulta la innovación y ralentiza la creatividad. La teoría de Drucker involucra a los empleados en todos los niveles de la organización, y también incluye una serie de filosofías de gestión, como la promoción lenta, los procedimientos de evaluación obsoletos, la seguridad laboral a largo plazo, la responsabilidad individual que implica un contexto grupal y la toma de decisiones consensuadas.

A medida que el mundo se ha movido hacia un modelo más dinámico y tecnológicamente inteligente para las organizaciones, la era del liderazgo es menos relevante que su capacidad de adaptación, su energía y su brillantez. El enfoque convencional para gestionar el liderazgo tiene tres propuestas principales:

1. Gestión de materiales y flujo de información, en el que se utiliza la utilización de flujos de materiales y diagramas de flujo. Usemos un almacén como ejemplo; El flujo del almacén responde a una de sus características básicas, ya que los productos permanecen temporalmente dentro de un almacén, y todo lo recibido en el almacén debe salir. Los diferentes flujos de materiales se pueden ilustrar a través de diagramas de flujo simples o diagramas de flujo: flujos simples, en los que recibo = almacenamiento = flujo medio de despacho, en el que recibo = almacenamiento

general = área de picking = consolidación = flujo complejo de despacho, en el que recibo = almacén de reserva = asignación de espacio = manejo = preparación de pedidos = control de calidad = consolidación = despacho

2. Crecimiento económico y prosperidad, en el que una política de crecimiento económico aumentará el empleo. Además, el empleo puede aumentar incluso con unidades industriales antieconómicas. Una vez más, la promoción del crecimiento económico a través de las industrias básicas y pesadas puede no generar muchos empleos.

3. Contrôler les dépenses, qui consiste en des économies de coûts, des domaines d'intérêt et des objectifs pratiques.

Les domaines d'intérêt comprennent :

Los objetivos prácticos incluyen comunicarse de manera efectiva y, a menudo, estandarizar su proceso midiendo lo que importa para la mejora continua utilizando el enfoque de cinco pasos que involucra, alinea y empodera a sus asociados educando a su equipo de liderazgo para que tome las medidas correctivas apropiadas, tome decisiones y reúna la información necesaria creando un sólido programa de capacitación y seguridad que analice la variación para aumentar la productividad Teniendo reuniones ocasionales del equipo para revisar metas y objetivos. encontrar el nivel adecuado de automatización y sistemas

El liderazgo implica liderar un lugar de trabajo de ética. La ética es el código moral que guía el comportamiento de los empleados con respecto a lo que está bien y lo que está mal con respecto a la conducta y la toma de decisiones. La percepción del comportamiento ético puede estimular comportamientos positivos de los empleados que conducen al crecimiento del lugar de trabajo, al igual que el comportamiento poco ético en el lugar de trabajo puede inspirar titulares dañinos que conducen a la desaparición del lugar de trabajo.

Lo más importante que una organización puede hacer para fomentar el comportamiento ético es implementar un sistema proactivo de voz de los empleados y usar las herramientas de voz de los empleados para dar proactivamente a los empleados la capacidad de ser duros.

Para obtener una mejor comprensión de la relación entre los líderes organizacionales y el comportamiento ético, primero debe comprender las palabras de conexión como estas: líderes: individuos que lideran el liderazgo de las organizaciones, el acto de liderar la toma de decisiones de una organización, la acción de tomar decisiones comportamiento ético, el acto que es consistente con lo que la sociedad y los individuos del lugar de trabajo perciben como buenos valores o código de ética, tales como, honestidad, integridad, liderazgo y respeto por los demás, responsabilidad, apertura y equidad comportamiento poco ético: la acción que cae fuera de lo que se considera moralmente correcto, como el abuso del poder de liderazgo, el mal uso del tiempo de la empresa o el robo de tiempo, el robo de mercancía, la discriminación y el acoso, la conducta ilegal, el uso indebido del teléfono celular, el desprecio de la política de la empresa y el engaño deliberado.

Los líderes utilizan el liderazgo para modificar el comportamiento de los individuos; algunos ven esto como el control de las acciones de los individuos. Pero el liderazgo tiene que ver con la influencia, no con el control; el control es una ilusión; no puedes controlar a nadie, pero puedes influir en casi todos. Esto, por supuesto, es la esencia del verdadero liderazgo.

Veamos algunos grandes líderes. Jesucristo, que es la designación de Jesús de Nazaret (d.c. 30 EC), que fue un profeta judío itinerante de Galilea en el norte de Israel. Predicó la inminente intervención en los asuntos humanos por parte del Dios de los judíos, cuando Dios establecería su reino en la tierra. El nombre propio Jesús era griego para el hebreo Josué ("el que salva"). Mahatma Gandhi fue un abogado, político, activista social y escritor indio que se convirtió en el líder del movimiento nacionalista contra el dominio británico de la India. Como tal, llegó a ser considerado el padre de su país. Gandhi es estimado internacionalmente por su doctrina de la protección no violenta (satyagraha) para lograr el progreso político y social.

Martin Luther King Jr. fue un activista social y ministro bautista que desempeñó un papel clave en el movimiento de derechos civiles estadounidense. King buscó la igualdad y los derechos humanos para los afroamericanos, los económicamente desfavorecidos y todas las víctimas de la injusticia a través de la protesta pacífica.

Los tres líderes, Jesús, Gandhi y Rey, eran grandes líderes, pero no tenían control de prácticamente nadie. Sin embargo, su influencia cambió el curso de la historia. No se centraron en controlar; descubrieron cómo expandir su influencia mediante el uso de cuatro métodos:

Concéntrate en ti mismo. "Si pudiéramos cambiarnos a nosotros mismos", dijo Gandhi, "las tendencias en el mundo también cambiarían. Así como un hombre cambia su propia naturaleza, también cambia la actitud del mundo hacia él". Toma la iniciativa. Sé el primero en actuar en una situación particular. Proyecta la visión. A menudo nuestros empleados no hacen lo que queremos porque no hemos invertido el tiempo para pintar la visión. Aprecia el esfuerzo. Al final del día, todos son voluntarios. Sí, incluso los empleados que le reportan directa o indirectamente. Tienen más opciones de las que piensas. Si no los aprecias, alguien más lo hará.

Para que el liderazgo modifique el comportamiento de los individuos, deben entender que el camino hacia resultados exitosos de la empresa está directamente relacionado con el esfuerzo de los empleados. Comprenda que los buenos líderes reconocen a los empleados, pero los grandes líderes los aprecian, lo que significa que reconocer significa reconocer formalmente y apreciar significa valorar o admirar altamente.

Por lo tanto, ocho ideas (no monetarias) que puede demostrar más comúnmente a sus empleados para demostrar que las valora y aprecia son las siguientes: Di gracias. Estas palabras simples, cuando se ofrecen repetidamente con sinceridad, pueden fortalecer las conexiones sociales y generar confianza entre un líder y sus empleados. Reconozca a sus empleados públicamente. Esto muestra a toda la organización el valor que usted, como líder, le da al logro de su empleado, y también le da al empleado un crédito visible por el logro. Desafíe a sus empleados con responsabilidades significativas. Este gesto mostrará a sus empleados que confía en su juicio, su capacidad y su capacidad para ofrecer resultados estelares. Esté allí cuando sus empleados lo necesiten. Dale a tus empleados tu tiempo. Permita que sus empleados lo desafíen. Anime a sus empleados a compartir abiertamente sus opiniones con usted, incluso si no están en línea con las suyas. Motiva a tus empleados. Fíjate cuando alguien...

Para muchos líderes empresariales, la mejor solución a un dilema ético es tener un papel predeterminado, un principio objetivo y un principio reformulados como política corporativa. Drucker describió el comportamiento ético como un proceso de reflexión y un ejercicio comunitario que se refiere al comportamiento moral de los individuos basado en un estándar establecido y expresado de valores individuales. El comportamiento ético debe ser un requisito absoluto de todos los líderes organizacionales.

El comportamiento moral de los empleados tiende a mostrar una mayor validez que las medidas basadas en el conocimiento. Drucker no escribió mucho sobre ética, pero sí mencionó que el estándar del comportamiento de uno en los negocios no debería ser diferente de los estándares que se aplican al individuo en la vida en general. Drucker señaló que la ética ha implicado tradicionalmente la aplicación de razonamiento basado en principios y filosofía que se conecta con los complejos problemas asociados con la realización de negocios.

Los líderes de las organizaciones tienen la responsabilidad de mantener los más altos estándares de comportamiento ético y responsabilidad. La responsabilidad indica que los líderes corporativos son los más culpables del comportamiento ético o no ético de la empresa. Solo los individuos pueden ser responsables, y no las corporaciones.

Drucker sostuvo que no existe tal cosa como la ética empresarial, pero lo que sí existe es la casuística. Aclaró su declaración con respecto a la ética empresarial en un artículo titulado "Los asuntos de la ética empresarial". Drucker imputó la ética empresarial contemporánea como una forma de lo que él consideraba casuística. La ética empresarial contemporánea tiene un código de ética especial para las personas en posiciones de poder a quienes se les exige, o se espera, que hagan ciertas cosas en nombre de la responsabilidad social.

Varias variables situacionales influyen en la decisión de un líder hacia un comportamiento poco ético. Al tomar una decisión sobre el desempeño, los problemas poco éticos o los conflictos interpersonales, los líderes deben tomarse su tiempo y tener cuidado; dejar que el proceso funcione, empezando por una investigación, para evitar tomar malas decisiones. Es necesario desarrollar claridad conceptual sobre el tema del comportamiento poco ético y la amplitud del contexto de los desafíos éticos, pero también tenga en cuenta que el concepto de responsabilidad moral está en la ética empresarial.

Los líderes efectivos creen que llevar a los empleados a construir buenas relaciones se basa en la confianza, actuando con integridad y transparencia. El resultado de estas acciones es el éxito sostenible; por lo tanto, el liderazgo ético produce el resultado de que los empleados se traten entre sí con sinceridad. El papel de los líderes éticos es garantizar que los empleados reconozcan el valor de adherirse a los estándares de conducta empresarial.

Cuando los empleados confían entre sí, tienden a centrarse más en hacer el trabajo. Además, cuando el liderazgo es confiable y admite errores, los empleados tienden a tener confianza en el liderazgo. La integridad mejora la moral, la satisfacción laboral y la lealtad de los empleados; por lo tanto, un líder efectivo debe honrar los compromisos; por ejemplo, un líder ético elige no usar información contra otro empleado, si la información se obtuvo de forma confidencial a puerta cerrada.

El liderazgo ético construye relaciones al permitir que los empleados tengan oportunidades justas e iguales para la promoción, siguiendo las regulaciones locales, estatales y federales que prohíben la discriminación por etnia, género o edad. Este tipo de comportamiento crea y mantiene un ambiente de trabajo seguro para la fuerza laboral.

La transparencia es enorme en el lugar de trabajo; esto es cuando los subordinados observan de cerca al líder para decidir cómo actuar. La transparencia requiere que el liderazgo vigile de cerca al líder para decidir cómo actuar. La transparencia requiere que el liderazgo acepte los aportes de los subordinados. El liderazgo también debe considerar cómo sus acciones, como las actividades de transformación, los cambios de liderazgo, las modificaciones de objetivos estratégicos y los ajustes de políticas pueden distraer a los empleados de mantenerse enfocados.

Para muchos líderes empresariales, la mejor solución a un dilema ético es tener un papel predeterminado, un principio objetivo y un principio reformulado como política corporativa. El comportamiento ético puede describirse como un proceso de reflexión y un ejercicio comunitario que se refiere al comportamiento moral de los individuos basado en un estándar establecido y expresado de valores individuales. El comportamiento ético es un requisito de todos los líderes organizacionales.

El comportamiento moral de los empleados tiende a tener mayor validez que las medidas basadas en el conocimiento. El estándar de comportamiento de uno en los negocios no debe ser diferente de los estándares que se aplican al comportamiento del individuo fuera del entorno empresarial. La ética ha implicado tradicionalmente la aplicación de razonamientos y filosofías basados en principios que se conectan con los complejos problemas asociados con la realización de negocios.

Aristóteles definió la ética como sabiduría práctica, porque implica una acción, tanto a nivel individual como corporativo. Aristóteles es un filósofo griego que hizo contribuciones significativas que han perdurado a lo largo del tiempo al conocimiento humano, la lógica, la biología, la ética y la estética.

Aristóteles también declaró que la ética se relacionaba con lo que se debe o no se debe hacer con respecto a las cosas que pueden ser buenas o malas para un individuo. Aristóteles afirmó que no estamos estudiando para saber qué es la virtud, sino para aprender a practicar en algo para ser eficientes en esa área.

Drucker enumeró cuatro puntos de vista que afectan el resultado de los comportamientos éticos en el lugar de trabajo. El primer punto de vista es la ética de costo-beneficio, en la que un líder tiene un deber más alto de conferir beneficios a los demás. Este punto de vista se llama la ética de la responsabilidad social, y tenga en cuenta que era demasiado peligroso adaptarse como ética empresarial porque los líderes empresariales pueden usarla como una herramienta para justificar la aceptación de comportamientos poco éticos.

El segundo punto de vista es la ética de la prudencia, que significa ser cuidadoso o cauteloso. El enfoque que se presentó no abordó nada sobre el tipo correcto de comportamiento; el líder debe tomar decisiones que son arriesgadas y que pueden ser difíciles de explicar. Drucker pensó que este enfoque era bueno para los líderes y que ayudaría a desarrollar la autogestión de un comportamiento individual. Sin embargo, la ética de la prudencia no es una base para la toma de decisiones empresariales éticas.

El tercer punto de vista es la ética de la ganancia, en la que sería socialmente irresponsable y poco ético si una empresa no mostrara una ganancia al menos igual al costo del capital. El beneficio es una métrica ética que se basa en bases morales muy débiles.

El punto de vista final se llama ética confuciana, que es la demanda de igualdad de obligaciones de los padres con los hijos y viceversa o de los jefes con los empleados y viceversa. Drucker señaló que la ética confuciana no puede aplicarse a la ética empresarial. El sistema de ética confuciana incluye individuos, no grupos, y de acuerdo con la ética confuciana, solo la ley puede manejar los derechos y el desacuerdo de los grupos.

La responsabilidad social corporativa significa que los líderes pueden elegir las responsabilidades más relevantes para ellos; La responsabilidad de las partes interesadas indica que otras partes tienen responsabilidad hacia la organización, y la responsabilidad social es una creencia en la noción de responsabilidad compartida por el bien común.

Los ejecutivos corporativos no son libres de participar en la responsabilidad social, nota; la responsabilidad social de una empresa es utilizar sus recursos y participar en actividades diseñadas para aumentar sus ganancias. Para aumentar las ganancias, los líderes empresariales deben mantenerse dentro de las reglas del juego, lo que implica participar en una competencia abierta y libre sin engaños ni fraudes.

Los líderes deben asumir la responsabilidad del mismo código de ética que los empleados y no deben reducir su actividad poco ética a los empleados o el análisis de costo-beneficio, nota; una ética debe aplicarse a todas las situaciones, independientemente de su estatus. Drucker declaró que los autores contemporáneos en ética empresarial que abogan por un retorno a los principios éticos como base para que los líderes tomen decisiones efectivas que se relacionen con la ética tradicional basada en principios.

Los autores contemporáneos en ética empresarial recomiendan que los líderes valoren las fortalezas y debilidades de los enfoques éticos y no éticos. La investigación de Toubiana y Yair (2012) indicó la viabilidad continua del campo de la ética en el lugar de trabajo. Las pautas de comportamiento ético en el lugar de trabajo a menudo incluyen un alto nivel de importancia en la dedicación.

Los comportamientos poco éticos permiten a los trabajadores sentir una fuerte alineación entre sus valores y los de la empresa. La ética en el lugar de trabajo dirige a los líderes organizacionales para lograr un rendimiento financiero y una productividad superiores en armonía cuando se enfrentan a problemas poco éticos. El enfoque de los sistemas de organización incluye las mejores prácticas para determinar la toma de decisiones poco ética por parte de los líderes.

La ética en el lugar de trabajo guía a los líderes a tomar decisiones acertadas con respecto a la ética empresarial. Dyck (2014) concluyó en un estudio que involucró a trece entrevistadores con destacados líderes empresariales de Sri Lanka; El 87 por ciento de los líderes declararon que la ética en el lugar de trabajo afectó su capacidad para tomar decisiones acertadas. El cien por ciento de los líderes utilizaron una variedad de herramientas de liderazgo para tomar decisiones efectivas en el lugar de trabajo. Los resultados mostraron que la ética en el lugar de trabajo desempeñó un papel importante en la influencia de la capacidad de los líderes de Sri Lanka para tomar decisiones.

Un estudio sobre ética en el lugar de trabajo en los Estados Unidos incluyó entrevistas personales, una revisión de la literatura, investigación en línea y cuestionarios de encuestas que cubren quince años de datos que van desde 1995 hasta 2009. Los resultados del estudio realizado por Petrick et al. incluyeron datos de 150 encuestados de 325 encuestas, lo que representó una tasa de respuesta del 46,2 por ciento.

El liderazgo ético tenía una asociación negativa con la intimidación. Los investigadores de la intimidación en el lugar de trabajo no han examinado la relación entre la intimidación y la ética en el lugar de trabajo, y el examen de la intimidación puede revelar patrones de interacción negativa. Un relato de una relación directa entre el cambio organizacional y la intimidación reveló ciertos análisis de regresión que afectaron la inseguridad laboral, la frecuencia del conflicto, el conflicto de roles, el liderazgo social, la carga de trabajo, la ambigüedad del rol y el apoyo social de los colegas.

La intimidación en el lugar de trabajo es indeseable. La práctica de un líder y el conflicto de roles son potentes predictores de la intimidación en el lugar de trabajo. Las condiciones ambientales crean un clima que puede fomentar el acoso en el lugar de trabajo. El nivel apropiado de inferencia con respecto a las condiciones ambientales es el grupo de trabajo. La investigación sobre la intimidación mostró que podría existir una relación entre los líderes, la ética en el lugar de trabajo y la percepción de la intimidación. Si bien asociaron la intimidación con un comportamiento poco ético, los líderes utilizaron el liderazgo no intervencionista como predictor al observar la intimidación.

La asociación de la intimidación con dimensiones de liderazgo paternalistas podría conducir a resultados organizacionales negativos y prácticas poco éticas en el trabajo. Drucker usó ejemplos como la intimidación y los comportamientos contraproducentes. La ética en el lugar de trabajo tiene problemas prácticos y fundamentales. La capacidad de los líderes para tomar decisiones acertadas con respecto a los problemas prácticos y fundamentales de intimidación que involucran la ética en el lugar de trabajo aumentó al 86 por ciento en las empresas en 2010 en comparación con el 49 por ciento en 1999 (Kaptein, 2011).

Los líderes deben considerar que la ética ayuda a los trabajadores a lidiar con el estrés. Las luchas pueden ocurrir a nivel organizacional, donde los empleados experimentan luchas éticas privadas en el trabajo. Las luchas éticas en el trabajo consisten en (a) la búsqueda de la virtud, (b) la ira hacia un alto poder del compañero de trabajo, (c) las crisis de significado y (d) los cambios en la creencia. Además, otros conflictos podrían rodear el desacuerdo interpersonal en la creencia ética y el valor a medida que los líderes toman decisiones sobre cómo fomentar la expresión de la ética en el lugar de trabajo.

La ética en el lugar de trabajo es una medida de control para el comportamiento poco ético en el proceso de toma de decisiones; tenga en cuenta que el liderazgo efectivo en la sociedad implica integrar la toma de decisiones con el estilo del líder. Drucker indicó que el principio de la toma de decisiones podría ser un complemento útil o una alternativa a la toma de decisiones analíticas, y el principio de la toma de decisiones puede o no involucrar la ética.

La toma de decisiones ética implica el uso de principios éticos para tomar decisiones. Tenga en cuenta que el principio de la toma de decisiones podría incluir todo tipo de principios, como el acto de incluir principios no éticos o decisiones que conducen a resultados poco éticos. Nótese también que el principio de la toma de decisiones es esencialmente un proceso de dos pasos. El primer paso es seleccionar y comunicar el principio correcto al que deben adherirse las decisiones, y el segundo paso requiere que el responsable de la toma de decisiones aplique el principio apropiado.

El propósito del liderazgo dentro de esa organización debe ser trascender la ética individual de la ideología capitalista, que son el interés propio y la maximización de las ganancias. El entorno general del lugar de trabajo puede ser un entorno de aprendizaje, donde un líder empresarial conecta el aprendizaje con el comportamiento ético.

La influencia que el compromiso organizacional puede tener en los líderes se ve reforzada por los climas de comportamiento poco éticos. El compromiso organizacional afecta el desempeño laboral de los empleados, el comportamiento de ciudadanía, la retención y el bienestar emocional. La forma más efectiva de medir el clima es medir los determinantes del clima en el lugar de trabajo. Los determinantes del clima en el lugar de trabajo incluyen áreas como la comunicación, el capital social, la confiabilidad, las decisiones de gestión y la implementación de una gestión efectiva del lugar de trabajo.

Cada vez que las organizaciones se meten en problemas, especialmente si han tenido éxito durante muchos años, la gente culpa a la lentitud, la complacencia, la arrogancia y las burocracias gigantescas. Drucker indicó que ya no eran solo los especialistas en ética empresarial los que pedían un retorno a la virtud, el carácter y la integridad; en cambio, era el público estadounidense. La insensibilidad manifiesta del liderazgo, la toma de decisiones y el comportamiento ético que prevalece en el entorno empresarial es com o las prácticas comerciales que permitieron la generación de los Rockefeller.

El resultado de la generación de los Rockefeller es que los líderes empresariales se centraron en la gestión de los resultados finales y perdieron el sentido de responsabilidad por el bienestar de los empleados y la sociedad en general. Perder la perspectiva a menudo resulta en un juicio deficiente y una toma de decisiones imprudente. El factor más importante mencionado por Drucker que determina si un líder será efectivo es la integridad del carácter.

Desarrollar un programa para demostrar los contrastes entre los valores éticos y no éticos establece el primer paso para crear una cultura de empresa que enfatice y refuerce los estándares éticos. Hay muchos enfoques diferentes para mantener el comportamiento ético, y ninguno es 100 por ciento compatible con lo que considero ética empresarial hasta ahora en esta investigación. Drucker tuvo dificultades para decidir qué enfoque, y finalmente llegó a los principios éticos básicos que eran esenciales porque creía que el comportamiento ético era un requisito absoluto de todos los líderes organizacionales.

CAPÍTULO 4

Toma de decisiones

La teoría presentada por Drucker es la más prominente de las teorías y prácticas que definen el sistema integral de gestión. La teoría presentada por Drucker también aborda la satisfacción de las necesidades de nivel inferior, como la incorporación de procesos grupales en la toma de decisiones, la satisfacción de apoyar las necesidades de los empleados y alentar a los empleados a asumir la responsabilidad de su trabajo y decisiones. Cuando los empleados asumen la responsabilidad de su trabajo y decisiones, satisfacen las necesidades de alto nivel y, a menudo, aumentan la productividad.

La teoría de Drucker puede ser la más prominente de las teorías y prácticas que definen el sistema integral de gestión, pero la comprensión de Chester Barnard de la importancia de la toma de decisiones es la más habitual. Afirmó que la toma de decisiones debería reemplazar los descriptores más estrechos, como "recopilación de recursos" y "formulación de políticas". Tenga en cuenta que Barnard era un ejecutivo telefónico retirado y autor del libro *Las funciones del ejecutivo.*.

La toma de decisiones es la base de toda gestión y actividad empresarial. La parte más difícil de la toma de decisiones es que sostiene que los empresarios y líderes no logran más del 50 por ciento de resultados correctos en sus habilidades de toma de decisiones o resolución de problemas. Una buena toma de decisiones comienza con un proceso de pensamiento intencional, consecutivo y estratégico.

Por supuesto, una buena toma de decisiones viene con alguna forma de estrés, lo que invita a pensar mucho. El pensamiento es conocido como el recurso humano definitivo. Una buena decisión no es un accidente; siempre es el resultado de una alta intención, un esfuerzo sincero, una dirección inteligente y una ejecución hábil. Una buena decisión representa una sabia elección entre muchas alternativas.

Si consideras la toma de decisiones en el ejército, haces referencias a los militares por poder y fuerza; sin embargo, los militares se basan en un pensamiento rápido y decisivo. A cada recluta militar se le enseña y entrena sobre el proceso de toma de decisiones / resolución de problemas militares de siete pasos.

Se cree que este enfoque sistemático es la mejor manera para que los miembros militares aborden cualquier problema que encuentren:

- Identificar el problema.
- Identificar los hechos y supuestos.
- Alternativas artesanales.
- Analizar las alternativas generadas.
- Ponderar entre las alternativas generadas.
- Realizar y llevar a cabo para la decisión final.
- Evalúe los resultados de su decisión.

Una parte importante de las habilidades de toma de decisiones está en conocer y practicar buenas técnicas de toma de decisiones. Nueve principios de toma de decisiones, son:

- asignar prioridades, establecer un período y recopilar y revisar datos fríos actualizados
- pintar un escenario del resultado deseado
- ponderar las ventajas contra las desventajas
- explorar las ramificaciones para todos los involucrados
- usar la sabiduría individual y tener coraje
- ir con instinto individual y decidir
- poner en práctica la decisión

- evaluar el resultado de la decisión
- tomar medidas

Los líderes pueden tomar hasta cien o más decisiones en un día, lo que puede conducir a los siguientes siete principios para guiar a un líder a tomar las decisiones correctas:

- cronometrarlos
- alinearlos
- equilibrarlos
- usar el instinto
- no decidir sin actuar
- mantener su decisión bajo revisión

Los responsables de la toma de decisiones se encuentran con puntos de decisión de forma continua, por lo que el uso de datos copiosos sería suficiente. Se dispone de abundantes datos para evaluar y determinar la eficacia potencial del uso de datos para fundamentar las decisiones. El impacto para el desarrollo de datos para sistemas de apoyo a la toma de decisiones es un enfoque e implica la intervención tecnológica.

Uno de los procesos para la toma de decisiones es crear una lista de ventajas y desventajas, en la que la magnitud de la decisión puede depender de la situación, como mudarse, hacer cambios, comenzar un nuevo trabajo, vender o comprar algo, o reemplazar un artículo. Cualquiera que sea la situación, implicará seleccionar o desarrollar opciones, lo que lleva a la toma de decisiones. Tenga en cuenta que un individuo no nace sabiendo cómo tomar decisiones; sin embargo, un individuo puede aprender a tomar decisiones al ver a otros tomar decisiones.

El único teórico que menciona la capacidad de ser un tomador de decisiones efectivo es Drucker, quien señaló que un individuo puede ser un tomador de decisiones efectivo, y esto es algo que los líderes pueden aprender.

Las opiniones no fomentan el consenso; más bien, fomentan la disensión. Antes de hacer un seguimiento de las situaciones, los líderes deben tomarse el tiempo para reconocer o identificar el contexto que gobierna esa situación. El comportamiento y el enfoque de un líder caracterizan el estilo más efectivo para lograr resultados de alta calidad del proceso de toma de decisiones.

La integración de la capacidad de tomar decisiones sobre el comportamiento poco ético en el lugar de trabajo por parte del liderazgo permite a los líderes aplicar la lógica y las habilidades analíticas. Tenga en cuenta que la clave para aplicar la lógica y las habilidades analíticas es influir en el cambio duradero en los líderes; además, los líderes necesitarán actualizar su estilo y enfoque para administrar a su gente. Este enfoque sería una forma efectiva de identificar las competencias críticas necesarias para tomar decisiones efectivas en el lugar de trabajo empresarial.

Identificar el surgimiento generalizado de la toma de decisiones poco éticas en la gestión es un tema importante para futuras investigaciones para comprender cuándo es probable que los líderes tomen decisiones poco éticas. Los dos factores principales que influyen en las cuestiones éticas son el nivel de confianza intercolegial y la conceptualización de la ética empresarial por parte de los empleados.

La toma de decisiones es, por supuesto, una tarea ejecutiva, y los ejecutivos efectivos no toman muchas decisiones; se concentran en los importantes. Tenga en cuenta que los elementos del proceso de toma de decisiones pueden (a) crear una situación genérica o una situación especial, (b) indicar lo que la solución debe lograr, (c) incorporar en la decisión la acción para llevarla a cabo, y (d) determinar la retroalimentación que prueba los resultados reales contra los resultados deseados.

También se ha dicho que los salarios de los ejecutivos no incluyen hacer cosas que a los ejecutivos les gusta hacer; más bien, su salario implica hacer las cosas correctas, incluida su tarea específica. Los ejecutivos creen que los empleados esperan que sus líderes conozcan las rutinas diarias para sostener sus instituciones.

Pero si seguimos las opiniones de los Investigadores y Profesionales de psicología organizacional industrial y comportamiento organizacional, ciertamente analizaremos las decisiones en el lugar de trabajo para aumentar la aplicación de teorías, hallazgos y técnicas a partir del juicio y la toma de decisiones.

Señaló que, por el contrario, los líderes empresariales acogen con agrado el desacuerdo y las sugerencias de soluciones alternativas de sus empleados para proponer decisiones, que luego informan al líder de otras posibles soluciones para los problemas en cuestión; sin embargo, los líderes deben considerar si ciertas actividades organizacionales siguen siendo viables y vale la pena continuar.

Las declaraciones sobre el desarrollo de decisiones por parte de los líderes solo podrían ser efectivas utilizando una teoría de la decisión. Las teorías de decisión se refieren al estudio de la preferencia, las incertidumbres y otras cuestiones relacionadas con la toma de decisiones óptimas o relacionales. Economistas, psicólogos, filósofos, matemáticos, estadísticos e informáticos han discutido la efectividad de las teorías de decisión.

Vamos a desglosar la teoría de la decisión, comenzando con la tabla de pagos. La tabla de pagos es el formalismo básico de una teoría de la decisión que se conecta por estados de naturaleza mutuamente excluyentes y con la conexión de decisiones mutuamente excluyentes. La teoría de la decisión puede ser normativa o descriptiva. La teoría de la decisión normativa se refiere a las teorías sobre cómo los líderes deben tomar decisions si quieren maximizar la utilidad esperada. La teoría de la decisión descriptiva se refiere a las teorías que son complejas y ayudan a enseñar las formas en que las decisiones humanas salen sistemáticamente mal.

Vamos a desglosar la teoría de la decisión, comenzando con la tabla de pagos. La tabla de pagos es el formalismo básico de una teoría de la decisión que se conecta por estados de naturaleza mutuamente excluyentes y con la conexión de decisiones mutuamente excluyentes. La teoría de la decisión puede ser normativa o descriptiva. La teoría de la decisión normativa se refiere a las teorías sobre cómo los líderes deben tomar decisiones si quieren maximizar la utilidad esperada. La teoría de la decisión descriptiva se refiere a las teorías que son complejas y ayudan a enseñar las formas en que las decisiones humanas salen sistemáticamente mal.

Recopilación y recepción de datos Obtenga todos los detalles actuales. Haga estas cinco preguntas: ¿Qué? ¿Cuando? ¿Por qué? ¿Dónde? y ¿Cómo? Explore las inconsistencias y brechas. Use el resumen para verificar su comprensión de todos los hechos encontrados. Prepara una cronología. Mantenga un diario de discriminación, favoritismo o mala conducta. Prepare una lista de todos los eventos/acciones actuales y pasados. Identifique posibles reclamaciones y límites de tiempo.

Pintar un escenario del resultado deseado Esto le pide que desarrolle un resultado deseado específico de la meta, actividades relevantes del programa para alcanzar la meta y un modelo lógico que muestre todos estos elementos. Un modelo lógico es un mapa visual de la ruta, un diagrama de flujo de bloques de construcción y una forma de ver fácilmente si hay brechas.

Sopesando las ventajas contra las desventajas Se pueden plantear preguntas profundas. Hay cuestiones filosóficas, sociales, políticas y económicas fundamentales que deben considerarse. Estas cuestiones pueden no ser prácticas, pero pueden ayudarnos a pensar más claramente sobre las suposiciones que hacemos al decidir si apoyar los objetivos de la empresa y qué variables deben incluirse en la ecuación.

Explorar las ramificaciones para todos los involucrados La ramificación de una decisión, plan o evento son todas sus consecuencias y efectos, especialmente los que no son obvios al principio.

Uso de la sabiduría individual Aristóteles creía en dos tipos de sabiduría: la sabiduría teórica, que explora que podemos cambiar a través de la toma de buenas decisiones, y la sabiduría práctica, que implica la exploración de cosas que no podemos cambiar, pero podemos buscar la verdad.

Tener coraje Es cuando tienes los medios para enfrentar tus miedos y moverte a través de ellos y superarlos; esto se hace al no dejar que tus miedos estén perpetuamente conectados contigo y al no dejar que te definan.

Seguir su instinto y tomar decisiones basadas en ellos Esto es poder usar su instinto junto con una estrategia simple de toma de decisiones para ayudar a tomar decisiones igualmente buenas pero más rápidas.

Poner sus decisiones en acción Esto es cuando sus decisiones se ponen en acción en función de los hallazgos y hechos.

Evaluación de los resultados de su decisión y los pasos de acción después de que se toma una decisión Esto es cuando se forma una decisión que implica identificar y evaluar todos los aspectos de su decisión y tomar las acciones más favorables basadas en la decisión tomada.

La teoría de la decisión tiene cuatro tipos de criterios: Valor esperado o realista, mientras que el valor esperado elige el mayor valor esperado después de la naturaleza. El maximax, también llamado optimista, elige el mayor valor después de considerar el mejor resultado que podría ocurrir bajo cada acción. El maximin o pesimista elige la mayor recompensa después de mirar lo peor que podría suceder bajo cada acción. La toma de decisiones de la etapa minimax u oportunista se relaciona con la pérdida oportunista. Minimax requiere el uso de una tabla de pérdidas, lo que significa que los cálculos finales requieren que un individuo tome el mínimo de la minimax o la mejor de las peores pérdidas.

El siguiente es un ejemplo para la teoría de la decisión. Digamos que el Dr. Emmett es dueño de una compañía de soluciones para pequeñas empresas que contrata su negocio solo entre septiembre y enero, y debe contratar por cuatro meses de anticipación. El contrato para sus servicios debe ser en cantidades de veinte, y el costo por contrato es de $ 70. Compra contratos en cantidades de cuarenta por $ 67 por contrato, sesenta por $ 65 por contrato u ochenta por $ 64 por contrato. Los contratos se venderán por $ 100 cada uno. Los contratos restantes al final de los cuatro meses se venderán a un precio reducido de $ 45 cada uno.

El siguiente es un ejemplo para la teoría de la decisión. Digamos que el Dr. Emmett es dueño de una compañía de soluciones para pequeñas empresas que contrata su negocio solo entre septiembre y enero, y debe contratar por cuatro meses de anticipación. El contrato para sus servicios debe ser en cantidades de veinte, y el costo por contrato es de $ 70. Compra contratos en cantidades de cuarenta por $ 67 por contrato, sesenta por $ 65 por contrato u ochenta por $ 64 por contrato. Los contratos se venderán por $ 100 cada uno. Los contratos restantes al final de los cuatro meses se venderán a un precio reducido de $ 45 cada uno.

Los resultados de la teoría de la decisión están en el estado de naturaleza. El estado de naturaleza consistirá en cuatro áreas posibles sobre las cuales un individuo no tiene control. El estado de naturaleza permitirá que la base de la planificación sea el criterio de decisión adecuado, ya sea que la demanda sea de diez, treinta, cincuenta o setenta contratos. La Tabla 1 incluye el número para cada estado de naturaleza. La Tabla 1 también muestra la probabilidad del estado que ocurre.

Tabla 1 Pago Tabla Acción Estado de la Naturaleza Contratos 20 Contratos 40 Contratos 60 Contratos 80 Demanda 10 (.20) 50 -330 -650 -970 Demanda 30 (.40) 550 770 450 130 Demanda 50 (.30) 450 1270 1550 1230 Demanda 70 (.10) 350 1170 2050 2330.

Los números actuales para el negocio en la recopilación de contratos reflejarán los números del año anterior. Por ejemplo, cuando la demanda era de cincuenta, el Dr. Emmett contrató sesenta a $ 65 cada uno por $ 3,900. Los resultados serían negativos porque se trata de dinero gastado; sin embargo, cuando el Dr. Emmett contrató cincuenta árboles a $ 100 cada uno por $ 5,000, le quedaban diez contratos al final de los cuatro meses. Los contratos se obtuvieron a un precio reducido de $ 45 cada uno, lo que hizo el total de $ 450. El total de cuatro meses fue de $ 5,000 + $ 450 - 3,900 = $ 1,550.

Otra situación sería si la empresa tuviera una demanda de setenta contratos, y el Dr. Emmett solo contratara cuarenta a $ 67 cada uno para un total de $ 2,680. Los resultados serían negativos, pero cuando contrató cuarenta a $ 100 cada uno por $ 4,000, no pudo seguir el ritmo. Treinta clientes no recibieron la finalización de los contratos por la falta de servicios disponibles para los clientes; recibió una pérdida de fondo de comercio de $ 5 cada uno, o -$ 150, lo que hizo $ 4,000 - $ 2,600 - $ 150, lo que equivale a $ 1,170.

El siguiente paso sería calcular la tabla de pérdidas oportunistas a partir de la tabla de pagos. Las tomas de recompensa complementan los criterios minimax y los pagos máximos bajo cada estado de naturaleza. En la tabla de pérdidas oportunistas (ver tabla 2), cada elemento del estado de naturaleza se resta de la mayor recompensa para ese estado de naturaleza. Cada número de una fila se resta del número más grande de la fila. Los números en la tabla son pérdidas, lo que significa que los números más pequeños son mejores.

Tabla 2 Pérdida oportunista Tablaa Acción Estado de la naturaleza Contratos 20 Contratos 40 Contratos 60 Contratos 80 Demanda 10 0 380 700 1020 Demanda 30 220 0 320 640 Demanda 50 1100 280 0 320 Demanda 70 1980 1160 280 0 a Pago máximo bajo cada estado de naturaleza.

El siguiente paso sería calcular los criterios de valor esperado, lo que implica multiplicar el pago por la probabilidad de que ocurra el pago y luego sumarlos. Después de colocar las probabilidades en una matriz de 1 × 4 con el valor esperado y la compra de sesenta acciones sería .20 (-650) + .40 (450) +.30 (1550) + .10 (2050) = 720. Hacer que los valores esperados para contratar contratos de veinte, cuarenta, sesenta y ochenta serían de $ 400, $ 740, $ 720 y $ 460. Los resultados del problema significarían que el mejor es de $ 740, lo que significa que el Dr. Emmett contrataría cuarenta contratos.

El siguiente paso sería calcular el criterio maximax tomando los números más grandes en cada columna y luego tomar el mejor de los números más grandes. Si el Dr. Emmett contrata veinte, cuarenta, sesenta y ochenta contratos a $ 550, $ 1270, $ 2050 y $ 2330, el mayor número será de $ 2330, el Dr. Emmett contrataría ochenta contratos. El siguiente paso sería calcular el criterio de maximina tomando los números más pequeños en cada columna. Si el Dr. Emmett compra veinte, cuarenta, sesenta y ochenta contratos a $ 50, $ 330, $ -650 y $ -970, el más pequeño es de $ 50.

El siguiente paso sería calcular el criterio minimax utilizando la tabla de arrepentimiento de pérdida oportunista (ver tabla 3). El Dr. Emmett tomará la mayor pérdida bajo cada acción y seleccionará el más pequeño de los grandes números. Las pérdidas si el Dr. Emmett contratara veinte, cuarenta, sesenta u ochenta contratos son de $ 1980, $ 1160, $ 700 o $ 1020. El más pequeño sería de $ 700, por lo que el Dr. Emmett contrataría sesenta contratos. La tabla 3 resume todo.

Tabla 3 Arrepentimiento de pérdida oportunista Tabla Criterio de acción Contrato 20 Contrato 40 Contrato 60 Contrato 80 Mejor acción Valor esperado 400 740a 720 460 Contrato 40 Maximax 550 1270 2050 2330a Contrato 80 Maximin 50a -330 -650 -970 Contrato 20 Minimax 1980 1160 700a 1020 Contrato 60 a Pago máximo bajo cada estado de naturaleza.

Es probable que un líder efectivo sea un líder directivo impulsado por el valor. Drucker definió el valor como las acciones requeridas, y la dirección proporciona el enfoque para la implementación. Drucker definió la decisión como un juicio. Una decisión rara vez es una elección entre el bien y el mal. A menudo es una elección entre casi lo correcto y probablemente lo incorrecto. Las respuestas correctas no son el resultado de la brillantez de la intuición. Las respuestas correctas son el resultado de hacer las preguntas correctas.

Desarrollar un programa para demostrar el contraste entre los valores éticos y no éticos establece el primer paso en la creación de una cultura de empresa que enfatiza y refuerza los estándares éticos. Hay muchos enfoques para el comportamiento poco ético, y ninguno es 100 por ciento compatible con lo que considero ética empresarial hasta ahora en esta investigación. Drucker tuvo dificultades para decidir qué enfoque, y finalmente llegó a los principios éticos básicos que eran esenciales porque creía que el comportamiento ético era un requisito absoluto de todos los líderes organizacionales.

CAPÍTULO 5

Investigación

Este capítulo incluye un análisis crítico sobre los diferentes resultados de la investigación sobre los elementos de liderazgo, toma de decisiones y comportamiento ético en el lugar de trabajo empresarial. Este capítulo también incluye un reconocimiento por parte de Drucker de que el liderazgo es importante y que el trabajo del líder es crear el futuro deseado para la empresa o la organización. Tenga en cuenta que los líderes determinan la situación, las necesidades y las personalidades de sus empleados y la cultura de la organización. Además, la creencia es que el comportamiento ético es un requisito absoluto de todos los líderes organizacionales.

Para muchos líderes empresariales, la mejor solución a un dilema ético es tener un rol predeterminado, principio objetivo o principio reformulado como política corporativa y aplicarlo a una circunstancia particular. La toma de decisiones ética implica el uso de principios éticos para tomar decisiones.

Los responsables de la toma de decisiones se encuentran con puntos de decisión de forma continua, y hay abundantes datos disponibles para evaluar y determinar la efectividad potencial del uso de datos para informar las decisiones. Los impactos para el desarrollo de sistemas de apoyo a la toma de decisiones han sido las posibilidades y funciones tecnológicas que facilitan el almacenamiento de la serie de decisiones tomadas, y durante la respuesta, ciertas decisiones deben recibir prioridad.

El enfoque de la sección 1 es utilizar la teoría de manejo de Drucker para obtener resultados en la comprensión de los hallazgos correlacionales del cuestionario de liderazgo auténtico (ALQ) y el cuestionario de opción múltiple (MCQ). La sección 1 se centra en la eficacia diversa en el lugar de trabajo, las condiciones como elementos comunes y el vínculo de los componentes de significado y propósito.

El enfoque de la sección 2 es indicar cómo los líderes en el lugar de trabajo empresarial con comportamiento ético utilizan efectivamente medidas objetivas y métodos intuitivos para ayudar en el proceso de toma de decisiones de comportamiento poco ético. La sección 2 contiene la recopilación de datos notificados y la interpretación de los datos. La sección 2 incluye la estadística descriptiva de las variables demográficas, así como los hallazgos estructurados en torno a la pregunta de investigación y la hipótesis. La sección 2 también incluye los resultados de la investigación aplicada a la práctica profesional y la implicación para el cambio social.

Sección 1: El proyecto

En este estudio, me centré en comprender la relación entre el liderazgo, la toma de decisiones y el comportamiento ético. En esta sección, apliqué la teoría de manejo de Drucker para comprender los hallazgos correlacionales del ALQ y el MCQ. En esta sección, abordé la declaración de propósito, mi papel como investigador, los participantes, el método de investigación, el diseño de la investigación, la población y el muestreo, la investigación ética, la instrumentación, la técnica de recopilación de datos, el análisis de datos y la validez del estudio, concluyendo con una transición y un resumen.

El propósito de este estudio de correlación cuantitativa es examinar la relación entre el liderazgo, la toma de decisiones y el comportamiento ético. Las variables independientes fueron el liderazgo y la toma de decisiones. La variable dependiente fue el comportamiento ético. La población objetivo consistía en líderes minoristas en varias compañías en el suroeste de los Estados Unidos. Este estudio tiene implicaciones para el cambio social positivo, ya que puede alentar futuras investigaciones sobre la toma de decisiones y la promoción para desarrollar una mejor comprensión de la relación entre el liderazgo organizacional y el comportamiento ético.

Papel del investigador

Mi papel como investigador era teóricamente inexistente, porque el objetivo de la investigación era tener a los participantes independientes del investigador. En este estudio correlacional, la recolección de datos fue sin tener en cuenta a los participantes o a la persona que recolectó los datos. Mi papel como investigador me permitió permanecer separado del estudio y de la muestra en el estudio. No tenía ninguna relación previa con el tema o los participantes.

Mi papel como investigador en relación con la ética, el protocolo del Informe Belmont y las regulaciones federales en 45 CFR y 21 CFR 50 fue proteger la autonomía, la seguridad, la privacidad y el bienestar de los sujetos de investigación humanos. El documento de consentimiento informado indicaba claramente que el estudio era un estudio de investigación y no una terapia clínica. La participación en la investigación fue voluntaria y estuvo libre de cualquier coerción por mi parte.

La investigación cuantitativa requiere estandarizar los procedimientos y seleccionar aleatoriamente a los participantes para eliminar la influencia potencial de las variables externas y garantizar la generalización de los resultados. La investigación cuantitativa implica tomar decisiones basadas en las preguntas de investigación, la perspectiva teórica y la evidencia que confirma el estudio. Los criterios para la participación en este estudio incluyeron trabajar con un negocio minorista en el suroeste de los Estados Unidos y funcionar como individuo en una posición de liderazgo como gerencia media o alta durante cinco o más años. Me puse en contacto con cada participante potencial por correo electrónico.

Establecí una relación de trabajo semanal con los participantes hasta la conclusión del estudio de investigación. El propósito de la relación de trabajo semanal era proporcionar información actualizada relacionada con el liderazgo, la toma de decisiones y el comportamiento ético. Las estrategias para establecer una relación de trabajo con los participantes incluyeron el desarrollo de una mayor conciencia de los posibles beneficios de la cooperación y cómo negociar una relación mutuamente beneficiosa. La actualización de la información continuó hasta la finalización de esta investigación.

Un método

cuantitativo fue adecuado para este estudio porque el estudio involucró el análisis de datos numéricos, y busqué generalizar los resultados a una población más grande. Los investigadores que realizan estudios cuantitativos pueden explicar los fenómenos mediante la recopilación de datos numéricos y su análisis utilizando métodos basados en matemáticas. La investigación cuantitativa implica principalmente la recopilación de datos cuantitativos.

Los bloques de construcción básicos de la investigación cuantitativa son las variables, que son lo opuesto a las constantes. Las variables adquieren valores diferentes, mientras que las constantes no pueden variar. Este estudio de investigación incluyó dos tipos de variables: variables independientes, que son la causa personal de otra variable, y una variable dependiente, que es el presunto esfuerzo o resultado.

Hay dos tipos principales de investigación cuantitativa. La investigación experimental tiene como propósito el estudio de las relaciones de causa y efecto. La investigación no experimental no implica manipular la variable independiente o asignar aleatoriamente a los participantes a grupos. Un individuo no puede saltar a una conclusión de causa y efecto porque hay demasiadas otras explicaciones alternativas para la relación.

La investigación cuantitativa es la investigación social que incluye métodos empíricos, declaraciones, objetivos formales y un proceso sistemático. La investigación cuantitativa puede resultar en una clara conciencia de la relación del comportamiento poco ético y la capacidad del liderazgo para tomar decisiones acertadas.

La investigación cualitativa implica la recopilación de datos cualitativos y es un enfoque sistemático utilizado para describir las experiencias de vida y dar sentido. Existen cinco tipos principales de investigación cualitativa. El primer tipo es la fenomenología, en la que un investigador intenta comprender cómo uno o más individuos experimentan un fenómeno.

El segundo tipo es la etnografía, en la que un investigador se centra en describir la cultura de un grupo de personas. El tercer tipo es un estudio de caso, en el que un investigador se centra en proporcionar una descripción detallada de uno o más casos. El cuarto tipo es la teoría fundamentada, en la que un investigador se centra en generar y desarrollar una teoría a partir de los datos recopilados. El tipo final es la investigación histórica, en la que un investigador se centra en la investigación sobre eventos que ocurrieron en el pasado.

La investigación cualitativa no fue apropiada para este estudio porque los investigadores que utilizan el método cualitativo enfatizan las entidades, procesos y significados de calidad que no examinan o miden experimentalmente en términos de calidad, cantidad, intensidad o frecuencia. La investigación cualitativa puede producir generalizaciones poco claras, lo que significa que los resultados de un estudio cualitativo pueden incluir sesgos personales que afectan los resultados. La investigación cualitativa es un enfoque sistemático utilizado para describir las experiencias de vida y dar sentido.

La investigación de métodos mixtos incluye métodos cuantitativos y cualitativos. Los dos tipos principales de investigación mixta son el método mixto y la investigación de modelos mixtos. La investigación de método mixto es la investigación en la que un investigador utiliza el paradigma de investigación cuantitativa para una fase de un estudio de investigación y el paradigma de investigación cualitativa para otra fase del estudio.

En la investigación de modelos mixtos, un investigador mezcla enfoques de investigación cualitativos y cuantitativos dentro de una etapa del estudio o en dos de las etapas del proceso de investigación. No seleccioné un estudio de método mixto porque habría llevado mucho tiempo, y los puristas metodológicos recomiendan que los investigadores trabajen con un paradigma cuantitativo o cualitativo.

Diseño de la investigación El diseño de correlación fue adecuado para este estudio. La investigación de correlación incluye una relación o asociación establecida entre dos o más variables que no se prestan fácilmente a la manipulación experimental. En un diseño de investigación correlacional, los investigadores pueden correlacionar las variables para determinar si existe una relación entre ellas. Las ventajas del diseño son que los investigadores pueden recopilar mucha información de muchos sujetos a la vez y estudiar una amplia gama de variables y sus interrelaciones. Las desventajas son que la correlación no indica causalidad, y hay problemas con el método de autoinforme.

No elegí diseños experimentales o cuasi-experimentales porque los diseños experimentales prueban las relaciones de causa y efecto entre las variables y los diseños cuasi-experimentales incluyen una mezcla de enfoques correlacionales y experimentales. El diseño experimental y el diseño cuasi-experimental miden sobre las mismas variables dependientes. Las ventajas de ambos diseños son que minimizan las amenazas a la validez externa, y los investigadores deben dejar que las manipulaciones ocurran por su cuenta y no tener control sobre ellas.

Las desventajas para ambos diseños son que las deficiencias en la aleatorización hacen que sea más difícil descartar variables confusas, introducen nuevas amenazas a la validez interna y el investigador no tiene un control total sobre las variables extrañas. El diseño de correlación fue apropiado para este estudio porque el objetivo era predecir la relación entre un conjunto de variables predictoras (liderazgo y toma de decisiones) y una variable dependiente (comportamiento ético).

Población y muestreo La población incluía noventa y ocho gerentes que trabajaban para un negocio minorista en el suroeste de los Estados Unidos y que habían estado funcionando en una posición de liderazgo como la gerencia media o superior durante cinco años o más. El muestreo probabilístico fue el método de muestreo, porque es un método de muestreo arqueológico basado en criterios estadísticos formales en la selección de unidades individuales para investigar. La ventaja de usar el muestreo probabilístico es que todo el proceso es imparcial y es bueno usarlo en poblaciones más pequeñas.

Las desventajas del muestreo probabilístico son que no puede prevenir el sesgo, y la información de muestreo de una gran población implica demasiado tiempo y paciencia. La subcategoría específica fue el muestreo aleatorio simple. El muestreo probabilístico asegura una representación imparcial del grupo. Las ventajas de utilizar el muestreo aleatorio simple son que reduce el sesgo y aumenta la facilidad de muestreo. Las desventajas son que puede implicar un error de muestreo y puede llevar mucho tiempo.

Un análisis de potencia utilizando el software G*Power Versión 3:1.9 indicó el tamaño de muestra apropiado para el estudio. G*Power es un paquete estadístico utilizado para realizar un análisis a priori del tamaño de la muestra. Un análisis a priori, asumiendo un tamaño de efecto medio ($f = .15$), $a = .05$, indicó que era necesario un tamaño de muestra mínimo de sesenta y ocho participantes para lograr una potencia de .80. Aumentar el tamaño de la muestra a 146 aumentaría la potencia a .98. Este estudio involucró a noventa y ocho participantes. El uso de un tamaño de efecto mediano ($f + 0,15$) fue apropiado para el estudio. El tamaño medio del efecto implicó el análisis de varios artículos en los que el liderazgo, la toma de decisiones y el comportamiento ético fueron las medidas de resultado.

Investigación ética El proceso de consentimiento para los participantes requería empleo en un negocio minorista en el suroeste de los Estados Unidos. El principio del consentimiento informado requiere que los posibles participantes comprendan los procedimientos y cualquier posibilidad de riesgos o incomodidades. Los participantes potenciales recibieron una copia del formulario de consentimiento antes de completar el cuestionario e indicaron su acuerdo para participar firmando el documento. Los participantes potenciales firmaron una versión impresa, que luego escaneé en formato electrónico. Los participantes leyeron y respondieron para indicar su comprensión del proceso de consentimiento. Negarse a participar no implicaba ninguna penalización, y los participantes podían interrumpir la participación sin penalización notificándome por correo electrónico.

La confidencialidad de los encuestados individuales estaba en su lugar. Ninguna información que compartieron estaba disponible para nadie que no estuviera directamente involucrado en el estudio. Las respuestas de los participantes permanecieron anónimas. Para proteger los derechos de los participantes, almacené los registros de investigación de forma segura en un archivador cerrado con llave en mi casa. Almacené archivos electrónicos en mi computadora protegida por contraseña y los hice una copia de seguridad en una unidad USB. Tendré un disco duro protegido con contraseña durante cinco años, y en la marca de cinco años, destruiré los documentos. Ningún identificador que vincule a los participantes o a mí con este estudio aparecerá en ningún informe para su publicación, ningún formulario de consentimiento o cualquier DVD.

Instrumentación Los investigadores utilizan una variedad de instrumentos de recopilación de datos. Estos instrumentos incluyen pruebas de personalidad, pruebas de aptitud, cuestionarios, documentos y registros existentes, pruebas de actitud, pruebas de liderazgo y encuestas. Las dos herramientas de recolección de datos utilizadas en este estudio fueron la ALQ, para medir las variables independientes liderazgo y toma de decisiones, y la MCQ para medir la variable dependiente comportamiento ético. Los participantes tuvieron dos semanas para completar los cuestionarios. Los cuestionarios se enviaron a los participantes por correo electrónico. Cada cuestionario tardó aproximadamente veinte minutos en completarse. No se adjuntaron requisitos o herramientas especiales a los cuestionarios. Compré los cuestionarios de MindGarden Inc.

Los datos se componían de constructo y variable, y consistían en tres dominios subyacentes y ocho subescalas. Los tres dominios subyacentes consistieron en (a) liderazgo, que es transparente, moral y ético; b) la adopción de decisiones, que es el procesamiento del equilibrio y la autoconciencia; y (c) el comportamiento ético, que es el coraje moral, la propiedad moral y la eficacia moral.

Una explicación de los dominios de liderazgo y toma de decisiones y sus cinco subescalas se encuentra dentro de la información generada para el ALQ. El uso de ALQ y MCQ ayudó a comprender la muestra que se está estudiando y examinó la relación entre las variables, y a determinar si existe una relación entre el liderazgo, la toma de decisiones y el comportamiento ético.

La primera de las cuatro subescalas que comprenden el dominio de la toma de decisiones es la autoconciencia, que se refiere a la conciencia de un líder de sus fortalezas y limitaciones y cómo afecta a los demás. La segunda de las cuatro subescalas que componen el ámbito de la toma de decisiones es la transparencia. La transparencia se refiere al grado en que un líder refuerza un nivel de apertura con los demás que les brinda oportunidades para ser comunicativo con sus ideas, desafíos y opiniones. La tercera de las cuatro subescalas que comprenden el dominio de la toma de decisiones es moral/ética, que implica el grado en que un líder establece un alto estándar para la conducta moral y ética. La última de las cuatro subescalas que comprenden el dominio de la toma de decisiones es el procesamiento de equilibrio, que es el grado en que un líder solicita suficientes opiniones y puntos de vista antes de tomar decisiones importantes.

El ALQ mide el liderazgo auténtico mediante la evaluación de cuatro componentes del proceso: autoconciencia, transparencia relacional, perspectiva moral o ética y procesamiento equilibrado. Al comparar los puntajes, un individuo puede determinar cuáles son los más fuertes y cuáles los componentes más débiles en cada categoría. Un individuo puede interpretar los puntajes de liderazgo auténticos utilizando las siguientes pautas: alto = 12-16, y bajo = 12 y por debajo. Los puntajes en el rango superior indican un liderazgo auténtico más fuerte, mientras que los puntajes en el rango inferior indican un liderazgo auténtico más débil.

El ALQ es un instrumento de encuesta basado en la teoría diseñado para medir los componentes conceptualizados como que comprenden el liderazgo auténtico. Los recursos mencionados en esta sección cubren ampliamente la base teórica y empírica para el ALQ. El ALQ se encuentra actualmente en algunos proyectos en todo el mundo para aumentar otras medidas de liderazgo.

El ALQ consta de dieciséis ítems descriptivos y una escala de cinco puntos tipo Likert que va de 0 a 4. En esta escala, un 0 no representa en absoluto, 1 representa de vez en cuando, 2 representa a veces, 3 representa con bastante frecuencia y 4 representa con frecuencia, si no siempre. El ALQ tiene artículos sobre diferentes dimensiones del liderazgo auténtico. No hay respuestas correctas o incorrectas. La puntuación implica la suma de respuestas en los ítems 13, 14, 15 y 16 (autoconciencia); la suma de las respuestas sobre los temas 1, 2, 3, 4 y 5 (transparencia relacional); la suma de las respuestas sobre los ítems 6, 7, 8 y 9 (perspectiva moral/ética); y la suma de las respuestas sobre los temas 10, 11 y 12.

Los investigadores han utilizado el ALQ para probar la fiabilidad utilizando el enfoque de consistencia interna. Todos los estudios arrojaron valores alfa superiores a 0,70, lo que indica una fiabilidad respetable. Muchos valores alfa medidos son mayores que .80, lo que demostró una muy buena confiabilidad. La validez discriminante ha demostrado un liderazgo auténtico, tal como lo conceptualiza y mide el ALQ. Los resultados han sido alentadores, especialmente en términos de validez y confiabilidad predictiva, y las primeras investigaciones globales han apoyado la generalización del ALQ en una variedad de culturas e idiomas.

El ALQ fue el instrumento elegido por Piaw y Ting (2014) en un estudio sobre líderes escolares en Malasia. El estudio incluyó la identificación de factores de pensamiento y liderazgo de ochenta y cinco líderes de escuelas primarias y secundarias de Malasia. El instrumento ALQ ayudó a identificar estilos de pensamiento (crítico o creativo) y liderazgo (cerrado o abierto) de los sujetos. La mayoría de los líderes escolares implementaron el pensamiento crítico con liderazgo abierto. El grado escolar, el tipo de escuela, el género, la edad, la experiencia laboral y los antecedentes educativos son predictores significativos del liderazgo. Los hallazgos llevaron a Piaw y Ting a rechazar las afirmaciones de que los líderes son puramente nacidos o puramente hechos.

El propósito del instrumento era realizar un estudio sobre el liderazgo del director, el rendimiento escolar y la efectividad del director en las escuelas de Dubai. El estudio consistió en investigar si existe una correlación entre el liderazgo del director y (a) el nivel de desempeño y (b) la efectividad del director en las escuelas de Dubai (Ibrahim, 2013). Una muestra representativa estratificada realizada en el nivel de rendimiento escolar involucró cada uno de los cuatro niveles de desempeño (insatisfactorio, aceptable, bueno y sobresaliente). Una muestra identificada por el informe de 2010 de la Oficina de Inspección Escolar de Dubai es de diez (cinco hombres y cinco mujeres) maestros de escuelas públicas en cada nivel escolar.

En cada escuela, veinte maestros deberían haber respondido al ALQ con respecto al liderazgo y la efectividad de su director. La muestra incluyó a 490 maestros de treinta y cuatro escuelas, con una tasa de respuesta de 61.25 por ciento. La muestra estuvo constituida por 219 (44,7 por ciento) docentes varones y 271 (55,3 por ciento) maestras (Ibrahim, 2013). Los resultados indicaron que los directores emplearon más el liderazgo transformacional, seguido por el liderazgo transaccional y luego el liderazgo pasivo o evitativo. Surgió una correlación positiva entre el liderazgo de los directores y la efectividad, pero no se produjo ninguna correlación con el rendimiento escolar.

Seyal y Rahman (2014) investigaron la adopción de sistemas de planificación de recursos empresariales entre sesenta directores ejecutivos de pequeñas y medianas empresas de Brunei. El estudio consistió en examinar los efectos del liderazgo a nivel de la organización; los resultados condujeron a una comprensión integral del liderazgo. El análisis reveló que el 86 por ciento de los encuestados tenía estilos transformacionales con una media de 3,04 en comparación con una media de 2,90 para los estilos transaccionales entre los CEO.

La información generada para el MCQ incluye una explicación del dominio del comportamiento ético y sus tres subescalas. La primera de las tres subescalas es la propiedad moral. La propiedad moral se refiere a los líderes que sienten un sentido de agencia personal sobre la naturaleza ética de sus acciones, su organización y otros a su alrededor. La segunda de las tres subescalas es la eficacia moral, que se refiere a la organización de los líderes, y alcanza el desempeño ético dentro de un dominio ético dado. La última de las tres subescalas fue el coraje moral, que se refiere a los líderes que requieren coraje para superar los miedos mientras enfrentan amenazas.

La base del MCQ es que la capacidad de juicio moral representa solo el 20 por ciento de la varianza en el comportamiento ético real de las personas. La base indica que el comportamiento ético y poco ético de un individuo en las organizaciones es impulsado no solo por los juicios que hace, sino también por si existe tanto el deseo como la fortaleza o agencia interna para avanzar y actuar sobre esos juicios. La mayoría de las personas hacen muchos juicios éticos durante la semana laboral. En las organizaciones dinámicas, se enfrentan a muchos desafíos, distractores y riesgos que pueden disuadirlos de intensificar y actuar según sus juicios éticos.

Las personas en posición de abordar actos poco éticos pueden decir que no se sienten motivadas para tomar tales decisiones. Después de tomar decisiones aceptables, las personas necesitan potencia moral para contrarrestar las fuerzas externas que pueden inhibirlos de actuar después de haber tomado la decisión ética correcta. Las elecciones éticas correctas implican la capacidad de generar responsabilidad, de tomar medidas morales en caso de adversidad y de perseverar a través de los desafíos.

Los investigadores han utilizado el MCQ en algunos contextos diferentes. El MCQ identifica tres capacidades primarias que sustentan la potencia moral. En la primera capacidad, la capacidad moral, un individuo siente y muestra un sentido de responsabilidad para actuar éticamente para combatir los problemas éticos. La capacidad moral se refiere al nivel de propiedad moral de uno.

En la segunda capacidad, la eficacia moral, los individuos pueden hacer un juicio moral. Los individuos tienen el deseo de actuar, pero deciden no actuar porque carecen de confianza en sus capacidades personales para desarrollar soluciones a problemas éticos.

En la tercera capacidad, el coraje moral, los individuos se animan a sí mismos a enfrentar amenazas y superar los miedos. El coraje moral es una fuerza de carácter maleable que proporciona la potencia necesaria para comprometerse con los principios morales personales. El MCQ consta de doce ítems descriptivos y utiliza una escala de cinco puntos tipo Likert. La puntuación implica la suma de respuestas en los ítems 1, 2, 3 y 4 (coraje moral); la suma de las respuestas sobre los puntos 5, 6 y 7 (propiedad moral); y la suma de las respuestas sobre los ítems 8, 9, 10, 11 y 12 (eficacia moral).

Para las preguntas 1 a 7, las personas deben pensar en sus acciones típicas y calificar su nivel de acuerdo con la forma en que cada pregunta se aplica a su comportamiento. Use la escala de cinco puntos tipo Likert para indicar su nivel de acuerdo o desacuerdo con cada declaración. En esta escala, 1 representa un fuerte desacuerdo, 2 representa estar en desacuerdo, 3 representa ni de acuerdo ni en desacuerdo, 4 representa estar de acuerdo y 5 representa estar muy de acuerdo (Hannah et al., 2011). Al responder a las preguntas 8 a 12, una puntuación de 5 representa la confianza total, una puntuación de 3 representa una confianza moderada y una puntuación de 1 representa no tener ninguna confianza.

La confiabilidad de prueba-reprueba para cada uno de los factores morales varió de .75 a .95 en la muestra de validación y de .74 a .94 en la muestra de validación cruzada. Potencia moral como resultado de investigaciones de diversos investigadores relacionadas positivamente con comportamientos éticos y negativamente relacionadas con la tolerancia al maltrato a los demás. Los investigadores han utilizado el MCQ en algunos estudios y proyectos aplicados para predecir pensamientos y comportamientos éticos. Las autoevaluaciones de MCQ predicen varias actitudes y comportamientos éticos de los individuos.

Los cuestionarios son los instrumentos elegidos para realizar estudios de investigación. Los cuestionarios muestran que la potencia moral es un factor crítico en el desarrollo de líderes que tienen la comprensión de actuar según sus juicios morales y comportarse como líderes de carácter. Un estudio de campo transversal complementó los cuestionarios con una muestra de 2.484 soldados del Ejército de los Estados Unidos asignados a 295 escuadrones que sirvieron en combate en Irak durante 2009.

La muestra proporcionó un contexto altamente complejo y ambiguo donde los soldados se enfrentaron a una alta tasa de base de desafíos morales difíciles. Los capellanes de los batallones de la unidad recopilaron datos y los enviaron a los investigadores en los Estados Unidos. Los resultados indicaron que la eficacia moral es un factor discriminante que refleja la confianza en que se puede actuar éticamente, distinto de la comprensión para actuar. La confiabilidad de las escalas de eficacia moral ($a = .95$) y propiedad moral / coraje (es decir, conación) ($a = .93$) fue alta.

La escala de medición para medir una variable dependiente es la escala de intervalos. La escala de intervalos de medición tiene las propiedades de identidad, magnitud e intervalos iguales. La escala estándar de calificación de la encuesta es una escala de intervalos (Weaver y

Wuensch, 2013). Una escala de intervalo tiene puntos equidistantes entre cada uno de los elementos de la escala para interpretar las diferencias en la distancia a lo largo de la escala. En una escala ordinal, un individuo solo puede hablar de diferencias en el orden, no de diferencias en el grado de orden.

La compra de cada encuesta de MindGarden Inc. incluyó permiso para usar ambas encuestas y una licencia para reproducir ambas encuestas. No hice ningún ajuste o revisión a los instrumentos de investigación estandarizados. Almacené datos en bruto de este estudio en mi computadora personal con cifrado protegido por contraseña para garantizar la seguridad de los participantes.

Los participantes deben leer y proporcionar su comprensión del proceso de consentimiento. Los participantes potenciales de la investigación recibieron toda la información requerida para el proceso de consentimiento informado antes de que comenzara la encuesta. Había garantizado la protección y confidencialidad de las respuestas antes de administrar la encuesta.

Técnica de recopilación de datos Dentro de cada enfoque general de investigación, los investigadores pueden utilizar una o varias técnicas de recopilación de datos. Las técnicas de recopilación de datos más populares incluyen encuestas, fuentes de datos secundarias o datos de archivo, medidas o pruebas objetivas y entrevistas. El método de recolección de datos para este estudio de investigación fueron las encuestas. Las encuestas pueden incluir cuestionarios o entrevistas. Elegí cuestionarios en forma de instrumentos de papel y lápiz que completaron los encuestados.

El propósito principal de una encuesta es obtener información que, después de la evaluación, resulte en un perfil o caracterización estadística de la población muestreada. Las preguntas pueden estar relacionadas con comportamientos, creencias, actitudes y características de quienes encuestan. Una encuesta es un medio para recopilar información sobre una población en particular mediante el muestreo de algunos de sus miembros, generalmente a través de un sistema de preguntas estandarizadas. Las encuestas pueden ser por correo, teléfono, entrevista personal o Internet.

El ahorro de costos, la precisión y la rapidez de análisis son las ventajas de usar un cuestionario en línea o por correo electrónico. Además, fácil de usar para los participantes, ahorro de tiempo, anonimato para los encuestados y comentarios objetivos son ventajas. El muestreo limitado y la disponibilidad de los encuestados son desventajas. Además, no existe entrevistador, existen errores de datos debido a la falta de respuestas a las preguntas, la incapacidad de llegar a poblaciones desafiantes, el fraude en las encuestas y los posibles problemas de cooperación son desventajas.

No fue necesario un estudio piloto para este estudio. Una encuesta piloto es una estrategia utilizada para probar el cuestionario utilizando una muestra más pequeña en comparación con el tamaño de la muestra planificada. En la fase piloto, los investigadores administran el cuestionario a un porcentaje de la muestra total o una muestra de conveniencia en casos informales. Un estudio piloto no fue necesario para este estudio porque el objetivo principal de un estudio piloto es determinar si la realización de una encuesta a gran escala vale la pena el esfuerzo.

Utilicé dos encuestas de autoevaluación desarrolladas por MindGarden Inc. Los datos provienen de las respuestas a las preguntas de la encuesta. La encuesta estaba disponible en línea y por correo electrónico. Las preguntas tenían números que aceleraron la entrada de datos durante el proceso de entrada. No hubo ajustes en las preguntas, y los instrumentos seleccionados fueron apropiados para el estudio de investigación.

La encuesta estaba disponible en línea, y los participantes podían recibir, completar y enviarme la encuesta por correo electrónico. Aquellos que no respondieron dentro de los cinco días posteriores a la recepción de la encuesta recibieron un correo electrónico de recordatorio. La información y los registros de este estudio de investigación permanecerán almacenados de forma segura en un lugar privado durante cinco años. Al finalizar el período de cinco años, destruiré todos los documentos.

Análisis de datos Los datos recopilados de los participantes respondieron a la pregunta de investigación y la hipótesis de la Sección 1: RQ1: ¿Cuál es la relación entre el liderazgo, la toma de decisiones y el comportamiento ético? H10: No existe una relación entre el liderazgo, la toma de decisiones y el comportamiento ético. H1a: Existe una relación estadísticamente significativa entre el liderazgo, la toma de decisiones y el comportamiento ético.

Realicé el siguiente análisis estadístico que reveló una relación entre el liderazgo, la toma de decisiones y el comportamiento ético en un entorno minorista mediante el uso del análisis de regresión lineal múltiple. El propósito general de la regresión lineal múltiple es aprender sobre la relación entre las variables predictoras (liderazgo y toma de decisiones) y la variable dependiente (comportamiento ético). El problema computacional general que se resuelve en el análisis de regresión lineal múltiple es ajustar una línea recta a varios puntos.

La regresión lineal múltiple (MLR) es una técnica estadística que utiliza varias variables explicativas para predecir el resultado de una variable de respuesta. La regresión lineal múltiple (MLR) intenta modelar la relación entre dos o más variables explicativas y una variable de respuesta ajustando una ecuación lineal a los datos observados. El objetivo de la regresión lineal múltiple (MLR) es modelar la relación entre las variables explicativas y de respuesta. Cada valor de la variable independiente x está asociado con un valor de la variable dependiente y (Weaver & Wuensch, 2013). En cada prueba, el valor p fue de .05.

La regresión lineal múltiple implica suposiciones, limitaciones y consideraciones prácticas, e involucran lo siguiente. Suposición de linealidad: la última suposición que hace el análisis de regresión lineal es la homocedasticidad. El diagrama de dispersión es una buena manera de verificar la homocedasticidad. Es decir, que los términos de error a lo largo de la regresión sean iguales es un hecho. Suposición de normalidad:

es que la suposición de normalidad es solo la suposición de que la variable aleatoria subyacente de interés se distribuye normalmente. Limitaciones: incluyen que la regresión lineal se limita a predecir la salida numérica. La elección del número de variables es que una regresión lineal múltiple es una técnica seductora "plug in", que tantas variables predictoras como uno pueda pensar saldrán significativas.

Multicolinealidad: es un fenómeno en el que dos o más variables predictoras en un análisis de regresión lineal múltiple están altamente correlacionadas, lo que significa que una puede predecirse linealmente a partir de las otras con un grado sustancial de precisión. La importancia del análisis residual: como un modelo de regresión lineal no siempre es apropiado para los datos, se debe evaluar la idoneidad del modelo definiendo los residuos.

Además, el análisis de regresión lineal múltiple incluirá una estadística descriptiva. Las estadísticas descriptivas ayudan al investigador a comprender el conjunto de datos en detalle; las estadísticas descriptivas también implican un resumen cuantitativo de un conjunto de datos que se ha recopilado. La estadística descriptiva se refiere a medias, rangos, algunos casos válidos de una variable, y están diseñados para proporcionar información sobre la distribución de una variable.

En estadística descriptiva, la media (M) es la medida más utilizada de la tendencia de control; comúnmente se llama el promedio. SD o desviación estándar es la raíz cuadrada de la varianza; mide la difusión de un conjunto de observaciones. Mínimo es el valor mínimo o más pequeño de la variable, y máximo es el valor máximo o mayor de la variable.

Se utilizará el resumen del modelo de regresión lineal múltiple. La información del resumen del modelo muestra la capacidad de la línea de regresión para tener en cuenta la variación total de la variable dependiente. R es la raíz cuadrada de R^2 y la correlación entre los valores observados y predichos de las variables dependientes.

R^2 es la proporción de varianza en la variable dependiente (comportamiento ético), que puede explicarse por las variables independientes (liderazgo y toma de decisiones). R^2 ajustado es un ajuste del R^2 que penaliza la adición de predictores extraños al modelo. La varianza se mide como la suma de las diferencias al cuadrado entre los valores de variables dependientes predichas por el encuestado y la media general. La media se divide por el número de encuestados y está simbolizada por R^2

La regresión lineal múltiple (MLR) es una técnica estadística que utiliza varias variables explicativas para predecir el resultado de una variable de respuesta. El MLR) modela la relación entre dos o más variables explicativas y una variable de respuesta ajustando una ecuación lineal a los datos observados. El MLR modela la relación entre las variables explicativas y de respuesta. Cada valor de la variable independiente x está asociado con un valor de la variable dependiente y. En cada prueba, el valor p fue de .05.

Otros análisis estadísticos no fueron apropiados para este estudio, incluida la prueba U de Mann-Whitney porque compara las medianas. La prueba de correlación de rango de Spearman porque muestra la asociación entre dos variables, x e y, que no tienen una distribución normal. La prueba de Kruskal-Wallis porque el propósito de la prueba es comparar las medias entre dos o más muestras cuando los datos son ordinales o cuando la distribución es nominal. La prueba de Kruskal-Wallis consiste en comparar el recuento de frecuencias de lo que uno espera en teoría contra las observaciones.

El propósito del procedimiento de limpieza y selección de datos fue determinar, para cada caso. Si cada variable contiene solo códigos numéricos o valores legítimos y si los códigos legítimos eran razonables. Revisé la normalidad y determiné cómo lidiar con la no moralidad. Para abordar los datos faltantes, comparé casos con y sin valores faltantes en variables de interés utilizando el análisis de valores faltantes de SPSS.

Puedo evaluar la suposición de normalidad observando la distribución de los datos a través de histogramas o realizando una prueba de normalidad. La verificación de la igualdad de la suposición de varianza implica la prueba F. Si los datos no cumplen con estas condiciones, entonces un investigador puede evaluar la diferencia de medias entre los grupos utilizando una de las alternativas no paramétricas.

Probar y evaluar suposiciones implica ejecutar el tipo de regresión especificado en la declaración del problema en variables utilizando el conjunto de datos completo. Si los datos no satisfacen los criterios de normalidad, puedo sustituir la variable transformada en la prueba restante que requiere el uso de la variable dependiente. Interpreté los resultados inferenciales utilizando estadísticas de error estándar porque pude construir intervalos de confianza sobre la base de la muestra obtenida. El intervalo de confianza proporciona una estimación del intervalo en el que caerá el parámetro de población. Las dos estadísticas de error estándar más utilizadas son el error estándar de la media y el error estándar de la estimación.

El error estándar de la media construye un intervalo de confianza en el que es probable que la media de la población disminuya. La fórmula p < .05 es la probabilidad de que las medias de la población caigan en el intervalo calculado del 95 por ciento. Además, el error estándar de la estimación es con la medida de correlación porque puede permitirme construir un intervalo de confianza dentro del cual caerá la verdadera correlación poblacional. El error estándar es un indicador importante de tener una estimación precisa del parámetro de población que es la estadística de la muestra.

Si la entrada de información en el programa Statistical Package for the Social Sciences (SPSS) violaba los supuestos, sustituía las transformaciones y ejecutaba regresiones ingresando dos variables independientes. Los resultados inferenciales de un intervalo de confianza indicaron un intervalo de confianza del 95 por ciento. Podría predecir o inferir el valor o la puntuación de una población dentro de un rango especificado en función del valor o la puntuación de la muestra. Los resultados inferenciales pueden ayudar a determinar si los grupos tienen medios significativamente diferentes. Si la probabilidad asociada con las estadísticas F es de .05 o menos, entonces afirmé que no había diferencia en la manera.

Ingresé los datos recopilados de cada participante en el programa de software SPSS y realicé varios análisis estadísticos. Hay muchos tipos diferentes de software estadístico. Los investigadores han encontrado que SPSS es una de las herramientas más preferidas para presentar datos en un estudio de investigación. Comencé definiendo un conjunto de variables y luego ingresé datos para variables para crear algunos casos.

Cada caso tiene un valor para cada variable, las variables tienen tipos y cada variable contiene un tipo específico de número. Después de haber ingresado los datos en SPSS, definí los casos por los valores almacenados en la variable que me permitió ejecutar análisis. Ejecutar un análisis implicó seleccionar las variables apropiadas del menú y hacer clic en el botón Aceptar. El software SPSS predijo con confianza el siguiente paso sobre cómo resolver problemas o cómo mejorar los resultados.

Validez del estudio: la validez del estudio refleja factores que proporcionan una hipótesis rival plausible al efecto del tratamiento. La validez externa se refiere a los resultados de un estudio de investigación que son generalizables a un grupo que participa en el estudio. Una amenaza a la validez externa indica si el efecto es generalizable en función de las poblaciones, los entornos, las variables de tratamiento o las variables de medición. La amenaza a la validez externa consta de cuatro áreas.

La primera de las cuatro áreas es la interacción de la selección y la variable experimental. La interacción de la selección y la variable experimental afecta a algunos grupos desde su tratamiento por la composición del grupo; este tratamiento hace que sea más difícil adquirir participantes. La segunda área implica la generalización excluyente a aquellos expuestos a tratamientos fuera de los entornos no experimentales. Un ejemplo sería el comercio al por mayor frente al comercio minorista. La tercera área involucra al mismo grupo de encuestados en el que los efectos de los tratamientos anteriores no son borrables. El área final considerada un área problemática en situaciones experimentales tiene lugar en un día particularmente memorable, como el 11 de septiembre.

La validez interna se refiere a la medida en que los resultados obtenidos en un estudio de investigación son una función de las variables. El investigador manipula, mide y observa sistemáticamente en un estudio. Las amenazas a la validez interna involucran trece áreas. La primera área es la historia. La historia se refiere a la ocurrencia de eventos que podrían alterar los resultados del estudio e involucra eventos locales o la comparación de diferentes gerentes.

La segunda área involucra los artefactos de los encuestados en grupos de comparación que usan la aleatorización. La tercera área es la maduración, que implica una función del tiempo entre la prueba previa y la prueba posterior. La cuarta área es el efecto reactivo o de interacción de las pruebas, que implica una prueba previa. Las áreas quinta, sexta y séptima implican la calibración de un instrumento o partituras. La replicación del tratamiento implica n como el número de individuos en el grupo. Por lo tanto, los resultados informados pueden ser engañosos si cada sujeto en una administración grupal cuenta como una replicación individual. El área restante es la mortalidad experimental, e implica tasas diferenciales de pérdida de los grupos de comparación.

Las áreas octava, novena y décima son una regresión estadística, en la que el error de medición es el resultado de la regresión hacia la media, ya que no tienen otra dirección en la que ir. La siguiente área implica que los miembros de diferentes grupos se reúnan entre sí, lo que hace que el tratamiento se difunda. El tratamiento se extiende al grupo de control a través de la interacción de los del grupo de tratamiento. La siguiente área son los efectos del experimentador; esta área implica la atribución y expectativas del investigador que influyen en los sujetos.

Las áreas undécima, duodécima y decimotercera involucran efectos del sujeto que implican cambios en el tema. La siguiente área incluye las interacciones con la selección. Las interacciones con la selección incluyen la interacción de maduración de la selección, la interacción del historial de selección y la interacción de la selección. Todos ellos involucran los efectos resultantes de una interacción entre la forma en que la selección de los grupos de comparación y su maduración, los eventos históricos y los efectos de las pruebas a lo largo del tiempo (Cohen et al., 2013). El área final ocurre cuando no está claro si A causa B o B causa A (Cohen et al., 2013).

Abordé las amenazas a la validez externa e interna centrándome en el diseño aleatorio del grupo de control pretest-posttest que controla las amenazas a la validez interna si la aleatorización funciona. Todas las variables independientes potenciales, incluidos los arreglos reactivos y los efectos inespecíficos del tratamiento, son constantes y no hay mortalidad diferencial entre los grupos. Los investigadores controlan las amenazas relacionadas con el paso del tiempo porque deben manifestarse por igual en cada grupo: maduración, historia, mortalidad, instrumentación y regresión estadística.

Los investigadores controlan las amenazas relacionadas con la selección porque asignan aleatoriamente a los participantes a los grupos, por lo que deben ser iguales con respecto a cualquier variable independiente potencial. Los investigadores controlan las amenazas de prueba porque las amenazas también deben manifestarse por igual en ambos grupos.

Cuando hay una prueba previa, los investigadores no pueden controlar los efectos reactivos de probar la validez externa. Los investigadores no saben si pueden obtener los mismos efectos para el tratamiento cuando los participantes no son probados previamente. Por lo tanto, las pruebas previas y posteriores utilizan el mismo diseño de grupo de control; y no hay un enfoque previo a la prueba en el diseño del grupo de control solo posterior a la prueba. Pero los cambios relacionados con la maduración del tiempo y la historia no se miden porque no hay una prueba previa. Por lo tanto, no podemos estar seguros de que los grupos se igualen en la prueba previa. Sin embargo, este diseño también controla los efectos reactivos de las pruebas porque no hay una prueba previa.

Los investigadores no pueden controlar las amenazas a la validez externa. En un estudio internamente válido, solo podemos demostrar que los efectos de un tratamiento se mantienen bajo las condiciones específicas del estudio. Los investigadores solo pueden decir que los efectos de un tratamiento se mantienen para los participantes pretestados de la población muestreada ahora en este lugar.

Las amenazas a la validez de la conclusión estadística son condiciones que inflan la tasa de error de tipo I, que se refiere a rechazar la hipótesis nula cuando es verdadera. La validez de la conclusión estadística es el uso apropiado de la estadística para derivar una conclusión precisa. La validez con cada afirmación sobre la asociación de dos variables se realiza en base a pruebas estadísticas. El error de tipo I se refiere al rechazo incorrecto de la hipótesis nula cuando es verdadera. Cuando los investigadores establecen un nivel alfa, eligen un nivel de probabilidad que comete un error de tipo I.

Una amenaza para la validez de la conclusión estadística es el bajo poder estadístico, que es una amenaza cuando los tamaños de la muestra son demasiado grandes o cuando el conjunto alfa es alto. La amenaza existe porque el alto poder estadístico disminuye la probabilidad de cometer un error de tipo I. El énfasis en cuestiones de importancia y poder también puede ser la razón por la que algunas fuentes se refieren a cualquier factor que conduzca a un error de tipo I. El error de tipo I es una amenaza para la validez de la conclusión estadística.

Violar los supuestos de las pruebas estadísticas es una amenaza cuando la suposición subyacente a las pruebas estadísticas (es decir, la normalidad) falla. Las violaciones de los supuestos ocurren porque algunas pruebas estadísticas no tienen interpretación cuando ocurren violaciones a los supuestos. Numerosos investigadores han demostrado que el enfoque de dos etapas de probar primero los supuestos y posteriormente probar la hipótesis nula de interés tiene efectos graves en las tasas de error de tipo I. El enfoque de dos etapas provoca interacciones más complejas de tasas de error de tipo I que no tienen probabilidades fijas en todos los casos, que terminan tratadas de una manera u otra de acuerdo con los resultados de la prueba preliminar.

Los problemas de pesca y tasa de error (FERP) son una amenaza cuando los investigadores hacen numerosas comparaciones múltiples al realizar un gran número de pruebas estadísticas. Los problemas de pesca y tasa de error están haciendo que un error de tipo I aumente en función del número de comparaciones que hace un investigador. La fiabilidad de las medidas es una amenaza cuando las medidas de fiabilidad para una báscula son bajas. Los investigadores no pueden confiar en una escala poco confiable para detectar diferencias verdaderas porque la baja confiabilidad para fines de investigación es inferior a .70 a .80. Los errores de tipo I son componentes esenciales de la teoría de la decisión estadística subyacente a las pruebas de significación de hipótesis nulas; por lo tanto, los investigadores nunca pueden esperar que los datos respondan a una pregunta de investigación de manera inequívoca.

Abordé las amenazas a la validez de la conclusión estadística al permitir a cada participante la libertad de autocontrol. La selección de la muestra fue lo más homogénea posible. La colección de medidas previas a la prueba involucró las mismas escalas que miden el efecto. La coincidencia puede tener lugar antes o después de la aleatorización o las variables que se correlacionan con la prueba posterior. La fiabilidad de las medidas variables dependientes podría aumentar.

La validez externa se refiere al resultado de un estudio que es generalizable más allá de la muestra. Las amenazas a esta generalización implican dos validezes: poblacional y ecológica. La validez de la población es la medida en que los resultados de un estudio son generalizables de la muestra estudiada a un grupo más grande de sujetos. La validez ecológica es la medida en que el resultado de un experimento es generalizable a partir del conjunto de condiciones ambientales creadas por el investigador a otras condiciones ambientales.

Los investigadores realizan estudios utilizando una muestra de sujetos en lugar de poblaciones enteras. El aspecto más desafiante del trabajo de campo es extraer una muestra aleatoria de la población objetivo a la que los resultados del estudio son generalizables. La decisión sobre si los resultados de un estudio en particular son generalizables a una población más grande depende del muestreo. No generalizaría el hallazgo de esta investigación a una población más grande ni lo aplicaría a diferentes entornos porque al generalizar a partir de observaciones realizadas en una muestra a una población más grande, ciertas cuestiones dictarán el juicio.

Los investigadores realizan estudios utilizando una muestra de sujetos en lugar de poblaciones enteras. El aspecto más desafiante del trabajo de campo es extraer una muestra aleatoria de la población objetivo a la que los resultados del estudio son generalizables. La decisión sobre si los resultados de un estudio en particular son generalizables a una población más grande depende del muestreo. No generalizaría el hallazgo de esta investigación a una población más grande ni lo aplicaría a diferentes entornos porque al generalizar a partir de observaciones realizadas en una muestra a una población más grande, ciertas cuestiones dictarán el juicio.

Sección 2: Solicitud de práctica profesional e implicaciones para el cambio social - El propósito de este estudio de correlación cuantitativa fue ayudar a los líderes organizacionales a desarrollar estrategias para mejorar el proceso de toma de decisiones que involucra el comportamiento ético. El análisis de los datos incluyó un enfoque sistemático. El primer paso consistió en identificar las estadísticas descriptivas de los ítems individuales de cada instrumento de encuesta para calcular la media, la desviación estándar, el mínimo y el máximo de las variables y, si es necesario, descartar los valores atípicos del análisis. El descarte de valores atípicos fue un precursor importante para determinar la validez y confiabilidad de este estudio.

El segundo paso consistió en calcular una matriz de correlación para la escala. Las desviaciones de la normalidad, la homocedasticidad y la linealidad reducen la correlación entre los elementos. Sobre la base del análisis, no fueron necesarias contramedidas correctivas. Introduje los resultados de los cuestionarios en SPSS. Las variables independientes fueron el liderazgo y la toma de decisiones. La variable dependiente fue el comportamiento ético. La sección 3 incluye la interpretación de los datos. Los resultados de la investigación aplicados a la práctica profesional, las implicaciones para el cambio social, el uso efectivo de medidas objetivas y los métodos intuitivos utilizados por los líderes que toman decisiones que involucran la ética en el lugar de trabajo.

Presentación de hallazgos - Se realizó una regresión lineal múltiple estándar para evaluar la relación entre el liderazgo, la toma de decisiones y el comportamiento ético. El liderazgo y la toma de decisiones fueron las variables independientes. El comportamiento ético fue la variable dependiente. La oración anterior debe decir; la hipótesis nula y alternativa era que el liderazgo y la toma de decisiones predecirían significativamente el comportamiento ético.

Los supuestos de linealidad, normalidad e independencia de los residuos se examinaron a través de la gráfica de probabilidad normal (P-P) de la regresión residual estandarizada (figura 1) y la gráfica de dispersión de los residuos (figura 2). Como se ve en las tramas, las hipótesis de que hay violaciones graves de los supuestos son sostenibles. Un histograma (figura 3) de la variable dependiente es una prueba más de violaciones graves de los supuestos. Una revisión adicional de una matriz de correlación reveló que hubo multicolinealidad severa ($p < .01$, $r = -.97$) entre las dos variables predictoras. Por lo tanto, el bootstrapping utilizando mil muestras se calculó y se informó cuando fue apropiado.

El modelo fue capaz de predecir significativamente el comportamiento ético ($F_{(2,95)} = 12,79$, $p < ,0,01$). El tamaño del efecto de $R^2 = .21$ indicó que aproximadamente el 21 por ciento de la varianza en el comportamiento ético se explica por las variables predictoras. Sin embargo, ninguno de los predictores individuales fue significativo. La existencia de multicolinealidad entre las dos variables predictoras quizás ofrece una explicación plausible para este fenómeno. Por lo tanto, estos resultados deben verse con precaución. Las estadísticas descriptivas se presentan en la tabla 4. La Tabla 5 muestra los resultados de la regresión.

FIGURA 1.
Diagrama P-P normal del residuo estandarizado de regresión

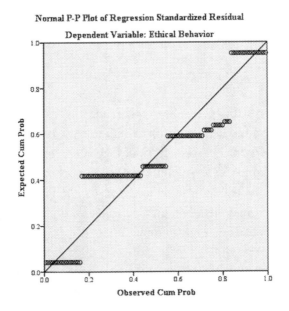

FIGURA 2.
Diagrama de dispersión de los residuos estandarizados

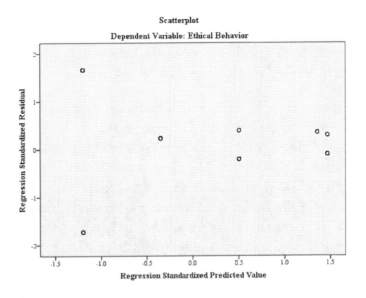

FIGURA 3.

Histograma de la regresión residual estandarizada

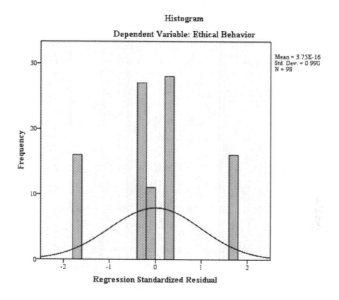

Table 4

Mean (M) and Standard Deviation (SD) for Study Variables (N = XX)

Variable	M	SD
Ethical Behavior	47.74	5.61
Leadership	27.38	2.1
Decision-making	20.93	2.53

Table 5

Regression Analysis Summary for Predictor Variables (*N* = 98)

Variable	*B*	*SE B*	*B*	*t*	*p*	*B* 95% Bootstrap CI
Constant	44.3	43.2		1.025	0.308	[-41.47, 130.06]
Leadership	-0.405	0.97	-0.151	-0.416	0.678	[-2.34, 1.53]
Decision Making	0.694	0.81	0.313	0.86	0.392	[-.907, 2.30]

Los hallazgos fueron consistentes con la teoría de Drucker de que la toma de decisiones efectiva es clave para que los líderes tomen decisiones acertadas con respecto a los comportamientos éticos. Los resultados corroboraron los hallazgos de estudios similares descritos en la revisión de la literatura de este estudio. El comportamiento y los enfoques de los líderes caracterizan el liderazgo más efectivo para lograr resultados de alta calidad de los procesos de toma de decisiones.

Los hallazgos de este estudio apoyaron la teoría de Drucker de que las prácticas de gestión efectivas deberían servir como el objetivo principal de la toma de decisiones. Además, la filosofía de las prácticas de gestión implica varias prácticas de gestión probadas que pueden influir efectivamente en el proceso de toma de decisiones.

Las mejores prácticas de gestión pueden consistir en seleccionar a las personas adecuadas, mostrar empatía, comunicarse de manera efectiva, ser positivo y constructivo, y agradecer y recompensar al personal. Las mejores prácticas de gestión también pueden consistir en ser agresivos y realistas al establecer metas y objetivos, responsabilizar a las personas para que cumplan con las expectativas que uno tiene de ellas, buscar crear un lugar de trabajo ético y usar métricas para evaluar el desempeño individual y el programa de diversidad e inclusión de la organización.

Antes de que los líderes aborden las situaciones en el lugar de trabajo, deben tomarse el tiempo para reconocer o identificar el contexto que gobierna esa situación. Tomar buenas decisiones puede ayudar a dirigir al personal y motivar a la fuerza laboral a través de la recompensa y el castigo. La causa y el efecto de las relaciones de comportamiento poco ético son difíciles de identificar pero no de manejar. El comportamiento poco ético puede llevar a los empleados a creer que los patrones manejables nunca existieron. La creencia de los empleados de que los patrones manejables nunca existen podría deberse al cambio inconstante entre causa y efecto.

La teoría de la gestión de Drucker aplicada a este estudio. Los resultados mostraron que el comportamiento ético sirve como base para examinar varios factores que pueden explicar la correlación entre el liderazgo, la toma de decisiones y el comportamiento ético. Existe la necesidad de desarrollar claridad conceptual sobre el comportamiento ético. El comportamiento poco ético puede influir en la interacción de los líderes con los empleados y en cómo el resultado afecta el desempeño laboral y el bienestar emocional de los empleados.

Aplicación a la práctica profesional - El estudio puede contribuir a la práctica eficiente de los negocios al abordar los puntos de vista de los líderes sobre la toma de decisiones que implican un comportamiento poco ético. Abordar el comportamiento poco ético de los líderes en el lugar de trabajo conduce a una mejor moral en el lugar de trabajo entre los empleados y aumenta la lealtad de los empleados a la gerencia.

Les résultats sont pertinents pour les pratiques commerciales à cet égard:

1. Les variables indépendantes et dépendantes avaient chacune une fiabilité acceptable. L'efficacité du leadership a eu un impact sur l'entreprise, le client et la préparation pour l'avenir.
2. L'intégration du comportement et des approches caractérise le leadership le plus efficace pour obtenir des résultats de haute qualité du processus de prise de décision.
3. L'intégration du leadership dans le processus de prise de décision impliquant un comportement éthique et contraire à l'éthique

pourrait aider les dirigeants à appliquer des compétences logiques et analytiques.

Este estudio puede ser importante para las empresas en el siglo XXI porque los líderes empresariales buscan constantemente desarrollar opciones que resulten en una ventaja competitiva. La ventaja competitiva aporta una amplia gama de perspectivas con respecto a la reacción ante el comportamiento poco ético en un lugar de trabajo de negocio minorista.

Las opciones de desarrollo aparecen en el creciente número de publicaciones sobre comportamiento poco ético, que incluyen autores como Kazemipour, Amin y Pourseidi, Kossek et al., Laschinger et al. y Malik et al. Cuando los líderes toman decisiones sobre cómo abordar el comportamiento poco ético en el lugar de trabajo, las decisiones pueden involucrar la relación para transformar la vida individual y organizacional de maneras no restringidas por las leyes naturales. La naturaleza potencialmente innovadora de esta investigación no deja dudas sobre las relaciones intuitivamente positivas entre el comportamiento ético y la capacidad de los líderes para tomar decisiones acertadas en un lugar de trabajo de negocios minoristas.

Implicaciones para el cambio social - Dentro de una perspectiva de cambio social positiva, los hallazgos reforzaron el argumento de que los líderes empresariales pueden desarrollar estrategias para mejorar el proceso de toma de decisiones que involucra el comportamiento ético. Por ejemplo, la tragedia del 11 de septiembre de 2001 expuso los desafíos que el liderazgo tenía en la toma de decisiones que involucraban un comportamiento poco ético. Los líderes empresariales no estaban preparados para las secuelas de los ataques terroristas del 11 de septiembre de 2001.

La implicación social de los hallazgos es que este estudio reforzó el cambio social al demostrar el papel significativo que desempeña el comportamiento ético en la capacidad de los líderes para tomar decisiones acertadas. Los resultados reafirmaron la importancia de examinar los comportamientos y las capacidades de liderazgo en individuos, comunidades, organizaciones e instituciones. Los resultados se relacionan con comportamientos sociales dada la aceptación emergente del comportamiento poco ético. Los resultados pueden contribuir a los valores éticos. Los valores éticos incluyen el comportamiento poco ético en un contexto empresarial. Los resultados también pueden contribuir a un comportamiento poco ético, como el servicio, la honestidad, el respeto, la integridad, la justicia, la responsabilidad, la confiabilidad, la cooperación, la intuición y la calidad.

Por lo tanto, los resultados de este estudio refuerzan el cambio social al alentar futuras investigaciones sobre el comportamiento ético y no ético y la capacidad de los líderes para tomar decisiones acertadas en un lugar de trabajo de negocios minoristas. Los resultados promueven el cambio social a través de una mejor comprensión de la relación entre el comportamiento ético, la toma de decisiones y el liderazgo. La promoción del cambio social puede conducir a una mayor efectividad del liderazgo, una mayor satisfacción de los empleados y un lugar de trabajo más productivo.

Recomendación para la acción - La decisión de emplear un diseño de encuesta cuantitativa fue apropiada para este estudio y los resultados revelaron la existencia de correlaciones positivas entre el liderazgo, la toma de decisiones y el comportamiento ético. Los hallazgos de este estudio revelaron que el comportamiento poco ético podría relacionarse con la capacidad de los líderes para tomar decisiones acertadas en el lugar de trabajo de los negocios minoristas.

Por lo tanto, es necesario seguir estudiando a los líderes de las corporaciones que inician programas, conferencias, talleres, retiros, conferencias de comportamiento ético y programas externos. El método ideal para difundir el estudio y la recomendación es tener más estudios sobre los líderes de las corporaciones para iniciar programas de tutoría y emprendimiento para ayudar a los nuevos propietarios de negocios a identificar el conocimiento esencial necesario para el éxito.

Además, la publicación se puede utilizar para desafiar la experiencia de los líderes en la toma de decisiones que involucran un comportamiento ético y no ético. Los programas iniciados por los líderes corporativos podrían permitir a los líderes inspirar a sus empleados a producir una fuerza laboral más motivada, comprometida y productiva. Influir positivamente en el rendimiento, la rotación, la producción y otros estándares de efectividad relevantes podría conducir a una mejor producción.

Recomendaciones para futuras investigaciones: se necesitan estudios futuros para ayudar a los líderes organizacionales a desarrollar estrategias para mejorar el proceso de toma de decisiones que involucra el comportamiento ético en el lugar de trabajo empresarial. Los investigadores podrían replicar este estudio utilizando los mismos instrumentos con muchas poblaciones diferentes en el ámbito empresarial. Replicar el estudio utilizando los mismos instrumentos demostraría que los hallazgos no fueron un accidente o coincidencia. Dicha investigación revelaría diferencias y puntos en común entre los empleados y líderes en un lugar de trabajo de negocios minoristas con respecto a sus prácticas en diversos entornos.

Recommandations pour une étude plus approfondie concernant l'amélioration de la pratique en affaires fondées sur la littérature relative à ce qui suit :

1. l'importance croissante des concepts concernant le comportement éthique dans un milieu de travail de commerce de détail et la capacité des dirigeants à prendre des décisions judicieuses.
2. les dirigeants qui adoptent les meilleures pratiques pour déterminer la prise de décision éthique lorsqu'ils sont confrontés à un comportement contraire à l'éthique dans un milieu de travail de commerce de detail.
3. les leaders qui se concentrent sur le fait de faire ce qu'il faut lorsqu'ils intègrent l'éthique et la prise de décision.

Las limitaciones que surgieron de este estudio, como la falta de acceso a los líderes para participar, podrían prevenirse al realizar futuras investigaciones. Se necesitó esfuerzo para obtener participantes en posiciones de liderazgo. Se abordó la limitación de tener un tema que requiriera una cantidad excesiva de tiempo para completar la revisión de la literatura, aplicar la metodología y recopilar e interpretar los resultados. La investigación adicional sobre el mismo tema puede prevenir las mismas limitaciones.

Los investigadores deben realizar estudios futuros a nivel mundial, así como en los sectores empresariales locales, para comprender la relación entre el liderazgo, la toma de decisiones y el comportamiento ético. Los investigadores deben realizar un estudio longitudinal de uno a cinco años para examinar el impacto y ampliar el cuerpo de literatura existente. El estudio longitudinal implicaría el seguimiento de la práctica de los participantes y produciría datos cuantitativos sustanciales, hallazgos y comprensión de cómo los estudios futuros pueden ayudar a promover el cambio social.

Reflexión - La investigación realizada para este estudio fue diferente de la investigación que realicé anteriormente mientras obtenía una maestría. El material era difícil de investigar, y era difícil localizar documentos de investigación académica. Las dificultades consistieron en: a) palabras o conceptos desconocidos y b) el formato y el diálogo de la investigación.

Algunas de las ideas que obtuve fueron la importancia de prepararse adecuadamente para realizar investigaciones y la importancia de comprender el formato y la estructura de la Asociación Americana de Psicología. Además, era importante tener un buen presidente de comité que estuviera dispuesto a comunicarse con todos los involucrados en el proceso de investigación y que estuviera dispuesto a trabajar con incertidumbre.

La realización de un estudio cuantitativo ayudó a establecer el problema de investigación en términos específicos y establecidos. Las fortalezas de la realización de investigaciones cuantitativas se conectan con un conjunto firme de objetivos de investigación. Los objetivos de la investigación ayudaron a desarrollar conclusiones objetivas, probar la hipótesis y determinar los problemas de causalidad. La debilidad del método cuantitativo fue la incapacidad de controlar el entorno donde los participantes proporcionaron las respuestas a las preguntas de la encuesta.

Adquirí experiencia en la realización del estudio de investigación cuantitativa, y un paradigma funcional sirvió como guía para el modo cuantitativo de investigación. La base del modo de indagación era la suposición de que la realidad social tiene una estructura ontológica. Los líderes son agentes que responden cuando el comportamiento ético es el foco en su proceso de toma de decisiones en un lugar de trabajo de negocios minoristas.

Conclusión - Los hallazgos de este estudio cuantitativo indicaron la creciente importancia de los conceptos relacionados con el comportamiento ético en un lugar de trabajo de negocios minoristas y la capacidad de los líderes para tomar decisiones acertadas. La implicación de que los líderes tienen la responsabilidad de mantener los más altos estándares de conducta ética significa que los líderes deben centrarse en hacer lo correcto al integrar la ética y la toma de decisiones juntas. Los líderes deben adoptar las mejores prácticas para determinar la toma de decisiones éticas cuando se enfrentan a un comportamiento poco ético en un lugar de trabajo de negocios minoristas.

El problema general de negocios en este estudio de investigación fue que el comportamiento poco ético afecta la capacidad de un líder para tomar decisiones. El problema comercial específico fue que algunos líderes de negocios minoristas no entienden la relación entre el liderazgo, la toma de decisiones y el comportamiento ético. El propósito de este estudio de correlación cuantitativa es examinar que algunos líderes de negocios minoristas no entienden la relación entre el liderazgo, la toma de decisiones y el comportamiento ético. Las variables independientes fueron el liderazgo y la toma de decisiones. La variable dependiente fue el comportamiento ético. La pregunta de investigación fue esta: ¿Cuál es la relación entre el liderazgo, la toma de decisiones y el comportamiento ético?

Mientras realizaba este estudio, utilicé varios conceptos de liderazgo, toma de decisiones y comportamiento ético para determinar su necesidad, efectividad y relevancia en un lugar de trabajo de negocios minoristas. La teoría de elección para el estudio de investigación fue la teoría de la gestión de Drucker. La filosofía de gestión de Drucker proporcionó valor a la disciplina de las prácticas de gestión modernas. Drucker compartió su teoría de que todo comenzó a nivel de gestión. Es responsabilidad del liderazgo tomar decisiones efectivas, y es responsabilidad del liderazgo organizar los recursos de la empresa para lograr el objetivo operativo con satisfacción de clientes y empleados.

La teoría de la gestión de Drucker sirvió como base para examinar varios factores que explicaban la correlación entre el liderazgo, la toma de decisiones y el comportamiento ético. Los líderes organizacionales pueden utilizar los resultados de este estudio para mejorar simultáneamente la calidad y la eficacia del proceso de toma de decisiones.

BIBLIOGRAFÍA

Abbott, L., y C. Grady, (2011). "Una revisión sistemática de la literatura empírica que evalúa los IRB: lo que sabemos y lo que aún necesitamos aprender". Journal of Empirical Research on Human Research Ethics 6, 3–19. doi:10.1525/jer.2011.6.1 .3.

Agbim, K. C., Ayatse, F. A. y Oriarewo, G. O. (2013). "Espiritualidad, comportamiento ético y negocios éticos: el impacto de la relación". Journal of Business Management & Social Sciences Research 2, 76–86. Recuperado de http://borjournals.com/a / index.php/jbmssr.

Atkeson, L. R., Adams, A. N., Bryant, L. A., Zilberman, L. y Saunders, K. L. (2011). "Considerar encuestas de modo mixto para preguntas sobre comportamiento político: Usar Internet y el correo para obtener datos de calidad a costos razonables". Revista de Comportamiento Político 33, 161–78. doi:10.1007/ s11109-010-9121-1.

Atkeson, L. R., Adams, A. N., Bryant, L. A., Zilberman, L. y Saunders, K. L. (2011). "Considerar encuestas de modo mixto para preguntas sobre comportamiento político: Usar Internet y el correo para obtener datos de calidad a costos razonables". Revista de Comportamiento Político 33, 161–78. doi:10.1007/ s11109-010-9121-1.

Avolio, B. J., Gardner, W. L. y Walumbwa, F. O. (2007). "Cuestionario de liderazgo auténtico". Recuperado con permiso de http://www. mindgarden.com.

Aydin, O. T. (2012). "El impacto de la Teoría X, la Teoría Y y la Teoría Z en el rendimiento de la investigación: un estudio empírico de una universidad turca". Revista Internacional de Avances en Gestión y Economía 1, 24–30. Recuperado de http://www. managementjournal.info.

Bahl, R., Martines, J., Bhandari, N., Biloglav, Z., Edmond, K., Iyengar, S., y Rudan, I. (2012). "Establecer prioridades de investigación para reducir la mortalidad mundial por nacimiento prematuro y bajo peso al nacer para 2015". Revista de Salud Global 2, no. 1. doi:10.7189/jogh.02-010403.

Baillien, E., De Cuyper, N., et De Witte, H. (2011). « L'autonomie au travail et la charge de travail comme antécédents de l'intimidation en milieu de travail : un test en deux vagues du modèle de contrôle de la demande d'emploi de Karasek pour les cibles et les agresseurs. » Journal of Occupational and Organizational Psychology 84, p. 191-208. doi:10.1348/096317910x508371.

Baker, S. D., et Comer, D. R. (2011). « L'éthique des affaires partout: Un exercice expérientiel pour développer la capacité de l'étudiant à identifier et à répondre aux problèmes éthiques dans les affaires. » Journal of Management Education 36, p. 95 à 125. doi:10.1177/1052562911408071.

Basch, E., Aberneth, A. P., Mullins, C. D., Reeve, B. B., Smith, M. L., Coons, S. J., et Tunis, S. (2012). « Recommandations pour l'intégration des résultats rapportés par les patients dans la recherche clinique comparative sur l'efficacité en oncologie chez l'adulte. » Journal of Clinical Oncology 30, 4249-55. doi:10.1200/ JCO.2012.42.5967.

Bates, D., Maechler, M., Bolker, B., et Walker, S. (2013). Ime4 : Modèles linéaires à effets mixtes utilisant Eigen et S4. Version du package R, 1. Extrait de http://Keziamanlove.com/wp-content/uploads/2015/04/StatsInRTut.

Beale, D., et Hoel, H. (2011). « L'intimidation en milieu de travail et la relation d'emploi : explorer les questions de prévention, de contrôle et de contexte. » Emploi et société 25, 5-18. doi:10.1177/0950017010389228.

Biggs, J. S., et Stickney, B. (2011). « Élaboration d'une stratégie visant à promouvoir la génération et l'utilisation efficace de la recherche en santé de la population pour NSW Health : 2011-15. » Bulletin de santé publique de la Nouvelle-Galles du Sud 22, p. 4 à 10. doi:10.1071/NB10066.

Binik, A. (2014). « Sur le seuil de risque minimal dans la recherche avec des enfants. » American Journal of Bioethics 14, 3-12. doi:10.10 81/152651.2014.935879.

Bishop, W. H. (2013). « Le rôle de l'éthique dans les organisations du 21e siècle. » Journal of Business Ethics 118, p. 635-37. doi:10.1007/s10551-013-1618-1.

Bredenoord, A. L., Kroes, H. Y., Cuppen, E., Parker, M., et van Delden, J. J. (2011). « Divulgation de données génétiques individuelles aux participants à la recherche: le débat reconsidéré. » Trends in Genetics 27, 41-47. doi: 10.1016/j.tig.2010.11.004.

Cassa, C. A., Savage, S. K. Taylor, P. L., Green, R. C., McGuire, A. L., et Mandl, K. D. (2011). « Divulgation de variantes génétiques pathogènes aux participants à la recherche : quantification de la responsabilité éthique émergente. » Genome Research 24, p. 719-23. doi:10.1101/gr.127845.111.

Castillo, L., et Dorao, C. A. (2013). « Prise de décision dans les projets pétroliers et gaziers basés sur la théorie des jeux: conception de processus conceptuels. » Conversion et gestion de l'énergie 66, 48-55. doi: 10.1016/j.enconman.2012.09.029.

Charalabidis, Y., et Loukis, E. (2012). « Politique publique participative par le biais de l'utilisation de multiples plateformes de médias sociaux. » International Journal of Electronic Government Research 8, p. 78 à 97. doi:10.4018/jegr.2012070105.

Chen, G., et Lewis, F. L. (2010). « Contrôle de suivi de leader pour plusieurs agents inertiels. » International Journal of Robust and Nonlinear Control 21, 925–42. doi:10.1002/rnc. v21.8/issuetoc.

Christ, T. W. (2013). « La matrice de vision du monde en tant que stratégie lors de la conception de la recherche sur les méthodes mixtes. » International Journal of Multiple Research Approaches 7, 110-118. doi:10.5172/mra.2013.7.1.110.

Cohen, J., Cohen, P., West, S. G., et Aiken, L. S. (2013). Analyse de régression / corrélation multiple appliquée pour les sciences du comportement. Londres, Angleterre; Routledge.

Curtis, E., et O'Connell, R. (2011). « Compétences essentielles en leadership pour motiver et développer le personnel : Une équipe autonome est enthousiaste à l'égard de son travail et fournira des soins de haute qualité. » La clé, affirment Elizabeth Curtis et Rhona O'Connell, est le leadership transformationnel. Nursing Management 18, 32-35. doi:10.7748 /nm2011.09.18.5.32.c8672.

Dacin, M. T., Dacin, P. A., et Tracey, P. (2011). « Entrepreneuriat social: une critique et des orientations futures. » Organisation Science 22, 1203-13. doi:10.1287/orsc.1100 .0620.

Dalal, R. S., Bonaccio, S., Highhouse, S., Ilgen, D. R., Mohammed, S., et Slaughter, J. E. (2010). « Et si la psychologie industrielle et organisationnelle décidait de prendre au sérieux les décisions en milieu de travail? » Psychologie industrielle et organisationnelle 3, 386-405. doi:10.1111/j.1754-9434.2010. 01259.x.

Dalvit, C. et Vulpetti, A. (2011). « Interactions fluor-protéine et changements chimiques isotropes RMN 19F: une corrélation empirique avec des implications pour la conception de médicaments. » Journal of Chemical Medical Chemical 6, 104-14. doi:10.1002/cmdc .201000412.

Dane, E. (2011). « Prêter attention à la pleine conscience et à ses effets sur la performance des tâches sur le lieu de travail. » Journal of Management 37, 997-1018. doi:10.1177/0149206310367948.

Danielsson, M., et Alm, H. (2012). « Systèmes d'utilisabilité et d'aide à la décision dans la gestion des urgences. » Œuvre (Lecture/ Messe) 41, 3455-58. doi:10.3233/WOR-2012-0624-3455.

Danielsson, M., et Alm, H. (2012). « Systèmes d'utilisabilité et d'aide à la décision dans la gestion des urgences. » Œuvre (Lecture/ Messe) 41, 3455-58. doi:10.3233/WOR-2012-0624-3455.

Deshpande, A. R. (2012). « Spiritualité en milieu de travail, capacités d'apprentissage organisationnel et personnalisation de masse : un cadre intégré. » International Journal of Business and Management 7, no 5, 3–5. doi:10.5539/ijbm. v7n5p3.

De Vignemant, F. (2013). « La marque de la propriété corporelle. » Analyse 73, 643-51. doi:10.1093/analys/ant080.

DiGrande, L., Neria, Y., Brackbill, R. M., Pulliam, P., et Galea, S. (2011). « Symptômes de stress post-traumatique à long terme chez 3 271 survivants civils des attaques terroristes du 11 septembre 2001 contre le World Trade Center. » American Journal of Epidemiology 173, p. 271-81. doi:10.1093/aje/kwq372.

Dovonon, P., Goncalves, S., et Meddahi, N. (2013). « Bootstrapping a réalisé des mesures de volatilité multivariées. » Journal of Econometrics 172, p. 49 à 65. doi: 10.1016/j.jeconom.2012.08.003.

Drucker, P. F. (1954). La pratique de la gestion. New York : Harper.

Dyck, B. (2014). « Dieu sur la gestion: les plus grandes religions du monde, le « tournant théologique », et la théorie et la pratique de l'organisation et de la gestion. » « Religion and Organization Theory » (Recherche en sociologie des organisations, p. 41). Emerald Group Publishing Limited 41, p. 23 à 62. doi:10.1108/S0733-558X2014000041010.

Centre de ressources sur l'éthique. (2012). « Un appel à l'action pour une promotion et une reconnaissance plus efficaces des programmes efficaces de conformité et d'éthique. » Extrait de http://www.ethics.org/files/u5/fsgo-report2012.pdf.

Exline, J. J., et Bright, D. S. (2011). « Luttes spirituelles et religieuses sur le lieu de travail. » Journal of Management, Spirituality & Religion 8, 123-42. doi:10.1080 /14766086.2011.581812.

Faul, F., Erdfelder, E., Buchner, A., et Lang, A.-G. (2009). « Analyses statistiques de puissance à l'aide de G*Power 3.1: Tests for correlation and regression analyses. » Méthodes de recherche comportementale 41, 1149-60. doi:10.3758/BRM.41.4.1149.

Ferris, D. L., Rosen, C. R., Johnson, R. E., Brown, D. J., Risavy, S. D., et Heller, D. (2011). « Approche ou évitement (ou les deux? ») : Intégrer les auto-évaluations de base dans un cadre d'approche ou d'évitement. » Journal of Personnel Psychology 64, p. 137-61. doi:10.1111/j31744-6470.2010. 01204.x.

Frels, R. K., et Onwuegbuzie, A. J. (2013). « Administrer des instruments quantitatifs avec des entrevues qualitatives : une approche de recherche mixte. » Journal of Counseling & Development 91, 184-194. doi:10.1002/j.1556-6676.2013. 00085.x.

Fujiwara, K., Kano, M., et Hasebe, S. (2012). « Développement d'un algorithme de reconnaissance de formes basé sur la corrélation et d'une conception adaptative de capteurs logiciels. » Control Engineering Practice 20, 371-78. doi: 10.1016/j.conengprac.2010.11.013.

Geary, J., et Trif, A. (2011). « Le partenariat en milieu de travail et l'équilibre des avantages : une analyse de cas critique. » British Journal of Industrial Relations 49, s44-s69. doi:10.1111/j.1467-8543.2010. 00827.x.

Gigerenzer, G., et Gaissmaier, W. (2011). « Prise de décision heuristique. » Revue annuelle de psychologie 62, 451-82. doi:10.1146/annurev-psych-120709-145346.

Gloede, T. D., Hammer, A., Ommen, O., Ernstmann, N., et Pfaff, H. (2013). « Le capital social tel que perçu par le directeur médical est-il associé à la coordination entre le personnel hospitalier ? Une enquête nationale dans les hôpitaux allemands. Journal of Interprofessional Care 27, p. 171 à 76. doi:10.3109/13561820.20 12.724125.

Goggins, S. P., Mascaro, C., et Valetto, G. (2013). « Informations de groupe: une approche méthodologique et ontologie pour la recherche de groupe sociotechnique. » Journal of the American Society for Information Science and Technology 64, 516-39. doi:10.1002/asi .22802.

Gonzalez, M. A., Lebrigio, R. F. A., Van Booven, D., Ulloa, R. H., Powell, E., Speziani, F., et Zuchner, S. (2013). « Application de gestion des génomes (GEM.app): Un nouvel outil logiciel pour l'analyse collaborative du génome à grande échelle. » Mutation humaine 34, 842-46. doi:10.1002/humu.22305.

Govaerts, M. J., Schuwirth, L. W. T., Vander Vieuten, C. P. M., et Muijtiens, A. M. M. (2011). « Workplace-based assessment: Effects of rater expertise ». Avancement dans l'enseignement des sciences de la santé 16, 151-65. doi:10.107/s10459-010-9250-7.

Guerra-López, I., & Thomas, M. N. (2011). « Prendre des décisions judicieuses : un cadre pour juger de la valeur de vos données. » Amélioration des performances 50, 37-44. doi:10.1002/pfi.20219.

Handley, M. A., Schillinger, D., et Shiboski, S. (2011). « Conceptions quasi expérimentales dans des contextes de recherche axés sur la pratique : considérations de conception et de mise en œuvre. » Journal of the American Board of Family Medicine 24, p. 589-96. doi:10.3122/jabfm.2011.05.110067.

Hannah, S. T., et Avolio, B. J. (2010). « Puissance morale: Renforcer la capacité de leadership basé sur le caractère. » Consulting Psychology Journal: Practice and Research 62, 291-310. doi:10.1037/a0022283.

Hannah, S. T., Avolio, B. J., et May, D. R. (2011). « Maturation morale et conation morale: une approche de capacité pour expliquer la pensée et l'action morales. » Academy of Management Review 36, p. 663 à 85. doi:10.5465/amr.2010.0128.

Harolds, J. (2011). « Conseils pour les leaders Partie IV : Se gérer soi-même et bien interagir avec les autres. » Clinical Nuclear Medicine 36, p. 1017-19. doi:10.1097/RLU. obo13e31822d9eb7.

Hauge, L. J., Einarsen, S. Knardahi, S., Lau, B., Notelaers, G., et Skogstad, A. (2011). « Le leadership et les facteurs de stress des rôles en tant que prédicteurs ministériels de l'intimidation en milieu de travail. » International Journal of Stress Management 18, 305-23. doi:10.1037 /a0025396.

He, Z. H., et Sun, Y. D. (2014). « Une analyse des facteurs d'influence liés au vieillissement de la population en Chine basée sur SPSS. » Mécanique appliquée et matériaux 644, 5561-64. doi:10.4028/AMM.644-650.5561.

Helliwell, J. F., et Huang, H. (2011). « Bien-être et confiance en milieu de travail. » Journal of Happiness Studies 12, 747-67. doi:10.1007/s10902-010-9225-7.

Hur, J., Sullivan, K. A., Callaghan, C.-B., Pop-Busui, R., et Feldman, E. L. (2013). « Identification des facteurs associés à la régénération du nerf sural et à la dégénérescence dans la neuropathie diabétique. » Diabetes Care, 36, 4043-49. doi:10.2337/dc12-2530.

Ibrahim, A., et Al-Taneiji, S. (2013). « Leadership des directeurs, performances scolaires et efficacité des directeurs dans les écoles de Dubaï. » International Journal of Research Studies in Education 2, 21-35. doi:10.5861/ijrse.2012.86.

Indartono, S., et Wulandari, S. Z. (2013). « Effet de modération du genre sur la spiritualité au travail et la relation d'engagement: cas de l'éthique indonésienne. » Asian Journal of Business Ethics 3, p. 65-81. doi:10.1007/s13520-013-0032-1.

Isella, L. Stehle, J., Barrat, A., Cattuto, C., Pinton, J. F., et Van den Broeck, W. (2011). « Qu'y a-t-il dans une foule? Analyse des réseaux comportementaux en face à face. Journal of Theoretical Biology 27, 166-80. doi: 10.1016/j.jtbi.2010.11.033.

Ishizaka, A. (2012). « Clusters et pivots pour évaluer un grand nombre d'alternatives dans AHP. » Journal of Pesquisa Operacional 32, 87-102. doi:10.1590/S0101-7438201200500002.

Kaptein, M. (2012). « De l'inaction à la dénonciation externe : l'influence de la culture éthique des organisations sur les réponses des employés aux actes répréhensibles observés. » Journal of Business Ethics 98, p. 513-30. doi:10.1007/s10551-010-0719-3.

Kazemipour, F., Mohamad Amin, S., et Pourseidi, B. (2012). « Relation entre la spiritualité en milieu de travail et le comportement de citoyenneté organisationnelle chez les infirmières par la médiation de l'engagement organisationnel affectif. » Journal of Nursing Scholarship 44, p. 302-10. doi:10.1111/j.1547-5069.2012.01456.x.

Kelly, J. F., Stout, R. L., Magill, M., Tonigan, S., et Pagano, M. E. (2011). « Spiritualité dans le rétablissement : Une analyse méminatoire décalée du principal mécanisme théorique de changement de comportement des alcooliques anonymes. Alcoholism: Clinical and Experimental Research 35, 454-63. doi:10.1111/j.1530-0277.2010. 01362.x.

Khoury, G. A., Baliban, R. C., et Floudas, C. A. (2011). « Statistiques de modification post-traductionnelle à l'échelle du protéone: analyse de fréquence et curation du swiss-prot. » Journal of Scientific Report 1, 90. doi:10.1038/srep00090.

Klem, M., Melby-Lervag, M., Hagtvet, B., Lyster, J. A. H., Gustafsson, J. E., et Hulme, C. (2014). « La répétition de phrases est une mesure des compétences linguistiques des enfants plutôt que des limitations de la mémoire de travail. » Developmental Science 18, p. 146-54. doi.10.1111/desc.12202.

Kotler, P. (2011). « Réinventer le marketing pour gérer l'impératif environnemental. » Journal of Marketing 75, p. 132-35. doi:10.1509/jmkg.75.4.132.

Kossek, E. E., Pichler, S., Bodner, T., et Hammer, L. B. (2011). « Soutien social en milieu de travail et conflits familiaux au travail : Une méta-analyse clarifiant l'influence du soutien général et du soutien organisationnel et du soutien organisationnel général et propre à la famille de travail. » Psychologie personnelle 64, 289-313. doi:10.1111/1.744-6570.2011. 01211.x.

Kumara, K., Aruna, D. K., et Kumaraswamidhas, L. A. (2014). « SPSS: Un outil d'exploration de données pour analyser les résultats de l'excitation vibratoire induite par l'écoulement dans un cylindre circulaire monté élastiquement dans différentes conditions d'interférence. » Mécanique appliquée et matériaux 592, 2086-90. doi:10.4028/AMM.592-594.2086.

Laschinger, H. S. K., Finegan, J., et Wilk, P. (2011). « Influences situationnelles et dispositionnelles sur le bien-être des infirmières en milieu de travail : le rôle de l'autonomisation du leadership de l'unité. » Nursing Research 60, p. 124 à 31. doi:10.1007/NNR.0b013e18209782e.

Lidell, M. E., Betz, M. J., Leinhard, O. D., Heglind, M., Elander, L., Slawik, M., et Enerback, S. (2013). « Preuve de deux types de tissu adipeux brun chez l'homme. » Nature Medicine 191, 631-34. doi:10.1038/nm.3017.

Li, J., et Madsen, J. (2011). « Éthique des affaires et guanxi sur le lieu de travail dans les entreprises d'État chinoises: une étude qualitative. » Journal of Chinese Human Resource Management 2, p. 83-99. doi:10.1108/20408001111179140.

Lin-Hi, N, et Blumberg, I. (2012). « Le lien entre soi et les intérêts sociétaux en théorie et en pratique. » European Management Review 9, p. 19 à 30. doi:10.1111/j.1740-4762.2012. 01025.x.

Liu, C. H., et Robertson, P. J. (2010). « La spiritualité sur le lieu de travail : théorie et mesure ». Journal of Management Inquiry 20, p. 35 à 50. doi:10.1177 /1056492610374648.

Mahfoud, F., Schlaich, M., Kindermann, I. Ukena, C., Cremers, B., Brandt, M. C., et Bohm, M. (2011). « Effet de la dénervation sympathique rénale sur le métabolisme du glucose chez les patients souffrant d'hypertension résistante, une étude pilote. » Tirage 123, 1940–46. doi:10.1161/CIRCULATIONAHA.110.991869.

Malik, M. E., Naeem, B., et Ali, B. B. (2011). « Comment la spiritualité en milieu de travail et le comportement de citoyenneté organisationnelle influencent-ils la performance commerciale de la force de vente fmcg. » Interdisciplinary Journal of Contemporary Research in Business 3, 610-20. Extrait de http://www.ijcrb.com/.

Manfredi, S., Pant, R., Pennington, D. W., et Versmann, A. (2011). « Soutenir les décisions écologiquement rationnelles pour la gestion des déchets avec LCT et LCA. » International Journal of Life Cycle Assessment 16, 937-39. doi:10.1007/s11367-011-0315-5.

McCormick, R. (2011). « Vers un système financier plus durable : les régulateurs, les banques et la société civile. » Law and Financial Markets Review 5, 129-38. Tiré de http:/www.hartjournals.w.uk/.

McGregor, D. (1960). Le côté humain de l'entreprise. New York: McGraw-Hill.

Meivert, O., et Klevensparr, J. (2014). « Amélioration des opérations de picking et développement d'un modèle d'équilibrage du travail. » Extrait de http://urn.kb.se/resolve?urn=urn:nbn:se:hj:diva=24082.

Moffitt, T. E., Arseneault, L., Belsky, D., Dickson, N., Hancox, R. J., Harrington, H., et Caspi, A. (2011). « Un gradient de maîtrise de soi dans l'enfance prédit la santé, la richesse et la sécurité publique. » Actes de l'Académie nationale des sciences 108, 2693-98. doi:10.1073/pnas.1010076108.

Moss, A. H. (2011). « Principes et processus éthiques guidant la prise de décision en matière de dialyse. » Journal clinique de l'American Society of Nephrology 6, 2313-2317. doi:10.2215/CJN.03960411.

Mustanski, B. (2011). « Questions éthiques et réglementaires liées à la réalisation de recherches sur la sexualité avec des adolescents LGBT: un appel à l'action pour une approche scientifiquement informée ».) Archives of Sexual Behavior 40, 673-86. doi:10.1007/s10508-011-9745-1.

Enquête nationale sur l'éthique des affaires. (2012). « Une enquête sur l'état de l'éthique dans les entreprises les plus puissantes d'Amérique. » Extrait de http://ethics.org/nbes.

Neider, L. L., et Schriesheim, C. A. (2011). « Authentic Leadership Inventory (ALI): Développement et tests empiriques. » Leadership Quarterly 22, p. 1146-64. doi: 10.1016/j.leaqua.2011.09.008.

Nimon, K. F., et Oswald, F. L. (2013). « Comprendre les résultats de la régression linéaire multiple au-delà des coefficients de régression standardisés. » Méthodes de recherche organisationnelle. doi:10.1177/1094428113493929.

Nkwake, A. M. (2013). Travailler avec des hypothèses dans l'évaluation des programmes de développement international. New York: Springer.

Olson, B., Molloy, K., et Shehu, A. (2011). « À la recherche de l'état natif de la protéine avec une approche d'échantillonnage probabiliste. » Journal of Bioinformatics and Computational Biology 9, 383-98. doi:10.1142/s0219720011005574.

Onwuegbuzie, A. J. (2012). « Introduction: Remettre le mélange dans la recherche quantitative et qualitative dans la recherche en éducation et au-delà: Aller vers le milieu radical. » International Journal of Multiple Research Approaches 6, 192-219. doi:10.5172/mra.2012.63.192.

Osborne, N. J., Koplin, J. J., Martin, P. E., Gurrin, L. C., Lowe, A. J., Matheson, M. C., et Health Nuts Investigators. (2011). « Prevalence of challenge proven IgE mediated food allergy using population based sampling and predetermined challenge criteria in infants ». Journal of Allergy and Clinical Immunology 127, 668-76. doi: 10.1016/j.jaci.2011.01.039.

Ostlund, U., Kidd, L., Wengstrom, Y., et Rowa-Dewar, N. (2011). « Combiner la recherche qualitative et quantitative dans des conceptions de recherche à méthodes mixtes: une revue méthodologique. » International Journal of Nursing Studies 48, p. 369 à 83. doi: 10.1016/j.ijnurstu.2010.10.005.

Ouchi, W. G. (1981). Théorie Z : Comment les entreprises américaines peuvent relever le défi japonais. Reading, MA: Addison-Wesley.

Palanski, M. E., et Vogelgesang, G. R. (2011). « Créativité vertueuse : Les effets de l'intégrité comportementale du leader sur la pensée créative et la prise de risque des suiveurs. » Revue canadienne des sciences administratives 28, p. 259-69. doi:10.1002/cjas.219.

Pargament, K. I., et Sweeney, P. J. (2011). « Construire la forme spirituelle dans l'armée: une approche innovante d'un aspect vital du développement humain. » American Psychologist 66, 58-64. doi:10.1037/a0021657.

Pastore, R. S., Carr-Chellman, A. A., et Lohmann, N. (2011). « User design: A case study or corporate change. » Performance Improvement Quarterly 23, 27-48. doi:10.1002/piq.20098.

Peters, M. A., et Reveley, J. (2014). « Retrofitting Drucker: Knowledge work under cognitive capitalism. » Journal of Culture and Organization 20, p. 135-51. doi:10.1080/14759551.2012.692591.

Petrick, J. A., Cragg, W., et Sanudo, M. (2011). « L'éthique des affaires en Amérique du Nord : tendances et défis ». Journal of Business Ethics 104, p. 51 à 62. doi:10.1007 /s10551-012-1262-1.

Peus, C., Wesche, J. S., Streicher, B., Braun, S., et Frey, D. (2012). « Leadership authentique: un test empirique de ses antécédents, de ses conséquences et de ses mécanismes de médiation. » Journal of Business Ethics 107, p. 331 à 48. doi:10.1007s10551-011-1042-3.

Piaw, C. Y., et Ting, L. L. (2014). « Les chefs d'établissement sont-ils nés ou faits ? Examiner les facteurs de leadership des chefs d'établissement malaisiens. Procedia-Social and Behavioral Sciences 116, 5120-24. doi: 10.1016/j.sbspro.2014.01.1084.

Piloto-Rodriguez, R., Sanchez-Borroto, Y., Lapuerta, M., Goyos-Perez, L., et Verhelst, S. (2013). « Prédiction du nombre de cétane des biodiesels à l'aide de réseaux de neurones artificiels et d'une régression linéaire multiple. » Conversion et gestion de l'énergie 65, 255-61. doi: 10.1016/j.enconman.2012.07.023.

Pinsky, H. M., Dyda, S., Pinsky, R. W., Misch, K. A., et Sarment, D. P. (2014). « Précision des mesures tridimensionnelles à l'aide de la tomodensitométrie à faisceau conique. » Journal of Head & Neck Imaging 35, 167-89. doi:10.1259/dmfr/20987648.

Pot, F. (2011). « L'innovation en milieu de travail pour de meilleurs emplois et de meilleurs rendements. » International Journal of Productivity and Performance Management 60, p. 404 à 15. doi :10.1108/17410401111123562.

Powell, C. (2003). Principes de leadership. https://www.shmula.com.

Powell, C. et Persico, J.E. (2003). Mon voyage américain. Livres Ballantine.

Rahimi, G. R. (2011). « L'implication de l'intelligence morale et de l'efficacité dans l'organisation: sont-ils interdépendants? » International Journals of Marketing and Technology 1, 67-76. doi:10.1007/s10943-012-9603-2.

Raqshin, S., & Nirjar, A. (2012). « Accumuler le potentiel individuel de créativité et d'innovation dans les entreprises de biotechnologie. » International Journal of Innovation and Learning 11, p. 162-81. doi:10.1504/IJIL.2012.045174.

Rausch, E., et Anderson, C. (2011). « Améliorer les décisions avec des critères de qualité. » Décision de gestion 49, 722-33. doi:10.1108/00251741111130814.

Resick, C. J., Hargis, M. B., Shao, P., et Dust, S. B. (2013). « Leadership éthique, jugements d'équité morale et comportement discrétionnaire en milieu de travail. » Relations humaines 66, 951-72. doi:10.1177/0018726713481633.

Robson, S. (2011). « Produire et utiliser des données vidéo dans les premières années: questions éthiques et conséquences pratiques dans la recherche avec de jeunes enfants. » Enfants et société 25, 179-89. doi:10.1111/j.1099-0860.2009. 00267.x.

Roulston, K. (2011). « Relever les défis de la recherche d'entrevues. » International Journal of Qualitative Methods 10, p. 348 à 66. Extrait de http://ejournals.library.ualberta.ca/index.php/IJQM/.

Sadowski, S. T., et Thomas, J. (2012). « Vers une convergence des normes d'éthique mondiales : un modèle issu du domaine professionnel de la comptabilité. » International Journal of Business and Social Science 3, 14-20. Extrait de http://www.ijbssnet.com/.

Sahin, F. (2012). « L'effet médiateur de l'échange de membres leaders sur la relation entre les styles de gestion de la théorie X et Y et l'engagement affectif: une analyse à plusieurs niveaux. » Journal of Management & Organization 18, 159-74. Extrait de http://journals.cambridge.org/action/displayJournal?jid=JMO.

Samnani, A. K., et Singh, P. (2012). « 20 ans de recherche sur l'intimidation en milieu de travail : examen des antécédents et des conséquences de l'intimidation en milieu de travail. » Agression et comportement violent 17, 581-89. doi:10.1007/s10551-010-0719-3.

Schaltegger, S., et Csutora, M. (2012). « Comptabilité carbone pour la durabilité et la gestion. Statu quo et défis. Journal of Cleaner Production 36, p. 1 à 16. doi: 10.1016/j.jclepro.2010.06.024.

Selart, M., et Johnson, S. T. (2011). « Prise de décision éthique dans les organisations : le rôle du leadership stress. » Journal of Business Ethics 99, p. 129-43. doi:10.1007/s10551-010-0649-0.

Seyal, A. H., et Rahman, M. N. A. (2014). « Tester le modèle de leadership de Bass & Avolio dans la compréhension de la mise en œuvre de l'ERP parmi les PME brunéiennes. » Journal of Organizational Management Studies 18, 1-8. doi:10.5171/2013.869927.

Singh, A., et Rathore, N. (2014). « L'organisation est ce qu'est le leader : un cadre de leadership éthique pour les universités et les organismes de recherche. » Journal of Ethics in Science Technology and Engineering, 2014 IEEE International Symposium, 1-6. doi:10.1109/ETHICS.2014.6893380.

Small, M. L. (2011). « Comment mener une étude sur les méthodes mixtes: tendances récentes dans une littérature en croissance rapide. » Journal of Sociology 37, 57-86. doi: 10.1146/annurev. soc.012809.102657.

Smoot, M. E., Ono, K., Ruscheinski, J., Wang, P. L., et Ideker, T. (2011). « Cytoscope 2:8 nouvelle fonctionnalité pour l'intégration de données et la visualisation de réseau. » Journal of Bioinformatics 27, 431-32. doi:10.1093/bioinformatique/btq675.

Soylu, S. (2011). « Créer un cadre familial ou fondé sur la loyauté : les effets du leadership paternaliste sur l'intimidation en milieu de travail. » Journal of Business Ethics 99, p. 217-31. doi:10.1007/ s10551-010-0651-6.

Stanaland, A. J., Lwin, M. O., et Murphy, P. E. (2011). « Perceptions des consommateurs sur les antécédents et les conséquences de la responsabilité sociale des entreprises. » Journal of Business Ethics 102, p. 47 à 55. doi:10.1007/s10551-011-0904-2.

Stenmark, C. K., et Mumford, M. D. (2011). « Impacts situationnels sur la prise de décision éthique des leaders. » Leadership Quarterly 22, p. 942 à 55. doi: 10.1016/J.leaqua .2011.07.013.

Stouten, J., Van Dijke, M., et De Cremer, D. (2012). « Leadership éthique ». Journal of Personnel Psychology 11, 1-6. doi:10.1027/1866-5888/ a000059.

Subashini, S., et Kavitha, V. (2011). « Une enquête sur les questions de sécurité dans les modèles de prestation de services de cloud computing. » Journal of Network and Computer Applications 34, 1-11. doi:10.1016/jnca.2010.07.006.

Suhonen, R., Stolt, M., Virtanen, H., et Leino-Kilpi, H. (2011). « Éthique organisationnelle : une revue de la littérature ». Nursing Ethics 18, p. 285 à 303. doi:10.1177/0969733011401123.

Sung, S. Y., et Choi, J. N. (2012). « Effets de la gestion des connaissances d'équipe sur la créativité et la performance financière des équipes organisationnelles. » Comportement organisationnel et processus de décision humaine 118, 4-13. doi: 10.1016/j.obhdp.2012 .01.001.

Sutherland, I. (2013). « Méthodes basées sur les arts dans le développement du leadership: offrir des espaces de travail esthétiques, de la réflexivité et des souvenirs avec élan. » Apprentissage de la gestion 44, 25-43. doi:10.1177/1350507612465063.

Tannenbaum, R., et Schmidt, W. H. (1973). « Comment choisir un modèle de leadership. » Harvard Business Review 51, p. 162-64.

Tanner-Smith, E. E., et Tipton, E. (2014). « Estimation robuste de la variance avec des tailles d'effet dépendantes: considérations pratiques, y compris un didacticiel logiciel dans Stata ad SPSS. » Journal of Research Synthesis Methods 5, 13-30. doi:10.1002/jrsm.1091.

Tavakol, M., et Dennick, R. (2011). « Donner un sens à l'alpha de Cronbach. » International Journal of Medical Education 2, p. 53 à 55. doi: 10.5116/ijme.4dfb.8dfd.

Taylor, J., et Westover, J. H. (2011). « Satisfaction au travail dans la fonction publique : les effets de la motivation de la fonction publique, des attributs en milieu de travail et des relations de travail. » Revue de gestion publique 13, 731-51. doi:10.1080/147 19037.2010.532959.

Thornberg, R. (2011). « Elle est bizarre, la construction sociale de l'intimidation à l'école : un examen de la recherche qualitative. » Journal of Children & Society 25, p. 258-67. doi:10.1111/j.1099-0860.2011. 00374.x.

Thun, B., et Kelloway, E. K. (2011). « Leaders vertueux : évaluer les forces de caractère en milieu de travail. » Revue canadienne des sciences administratives/Revue 28, p. 270-83. doi:10.1002/ cjas.216.

Tonon, G. (2015). « Le chercheur qualitatif dans le domaine de la qualité de vie. » Études qualitatives de la vie 55, 23-36. doi:10.1007/978-3-319-13779-7_2.

Torgerson, P. R., Paul, M., et Lewis, F. I. (2012). « La contribution d'un échantillonnage aléatoire simple aux variations observées dans le nombre d'œufs de fœcol. » Journal of Veterinary Parasitology 188, 397-401. doi: 10.1016/j.vetpar.2012.03.043.

Toubiana, M., et Yair, G. (2012). « La solution du sens dans l'œuvre de Peter Drucker. » Journal of Management History 18, p. 178-99. doi:10.1108/1751134121120684.

Trapp, N. L. (2011). « Attitudes du personnel à parler ouvertement des dilemmes éthiques: le rôle des conceptions et de la confiance en matière d'éthique des affaires. » Journal of Business Ethics 103, 543-552. doi:10.1007/s10551-011-0879-9.

Trevino, L. K., den Nieuwenboer, N. A., et Kish-Gephart, J. J. (2014). « (Un) Comportement éthique dans l'organisation. » Revue annuelle de psychologie Journal 65, 635-660. doi:10.1146/ annurev-psych-11301-143745.

Vaismoradi, M., Turunen, H., et Bondas, T. (2013). « Analyse de contenu et analyse thématique: implications pour la réalisation d'une étude descriptive qualitative. » Sciences infirmières et de la santé 15, 398-405. doi:10.1111/nhs.12048.

Vandenberghe, C. (2011). « Spiritualité en milieu de travail et engagement organisationnel : un modèle intégratif. » Journal of Management, Spirituality & Religion 8, 211-32. doi:10.1080/14766086.2011. 599146.

Van der Zwet, J., Zwietering, P. J., Teunissen, F. W., van der Vieuten, C. P. M., et Scherpbier, A. J. J. A. (2011). « Apprentissage en milieu de travail d'un point de vue socioculturel : créer un espace de perfectionnement pendant l'externat en médecine générale. » Advances in Health Sciences Education 16, 359-73. doi:10.1007/ s10459-010-9268-x.

Van Knippenberg, D. (2011). « Incarner qui nous sommes : prototypicité et efficacité du leadership du groupe leader. » Leadership Quarterly 22, p. 1078-91. doi:10.1016/j. leaqua.2011.09.004.

Vohs, K. D., Baumeister, R. F., Schmeichel, B. J., Twenge, J. M., Nelson, N. M., et Tice, D. M. (2014). « Faire un choix nuit à la maîtrise de soi ultérieure: un compte rendu limité de la prise de décision, de l'autorégulation et de l'initiative active. » Journal of Motivation Science 1, 19-42. doi:10.1037/2333-8113.1. S.19.

Weaver, B., et Wuensch, K. L. (2013). « Programmes SPSS et SAS pour comparer les corrélations de Pearson et les coefficients de régression OLS. » Méthodes de recherche comportementale 45, 880-95. doi:10.3758/s13428-012-0289-7.

Wei, M., et Jin, K. (2014). « Recherche sur la stratégie d'optimisation de la sélection des nageurs basée sur l'analyse factorielle SPSS. » Journal of Chemical and Pharmaceutical Research 6, 1059-68. Extrait de http://jocpr.com.

Welch, M. (2012). « Pertinence et acceptabilité : perspectives des employés en matière de communication interne. » Revue des relations publiques 38, 246-54. doi: 10.1016/j.pubrev.2011 .12.017.

Wong, H. R. (2011). « Pourquoi les gens hésitent-ils ? Risque perçu dans la spiritualité du milieu de travail. International Journal of Business and Management 6, p. 57 à 63. doi:10.5539/ijbm.v6n11p57.

Wood, S., et de Menezes, L. M. (2011). « Gestion de la haute implication, systèmes de travail à haute performance et bien-être. » The International Journal of Human Resource Management 22, 1586-1610. doi:10.1080/09585192.2011.561967.

Xu, B., et Li, K. (2014). « Étude sur les transactions entre parties liées et le comportement décisionnel de l'actionnaire majoritaire basé sur la technologie logicielle SPSS. » Mécanique appliquée et matériaux 519, 1560-1561 doi:10.4028/AMM.592-594.2086.

Yammarino, F. J., Mumford, M. D., Serban, A., et Shirreffs, K. (2013). « Assassinat et leadership: approches traditionnelles et méthodes historiométriques. » Leadership Quarterly 24, p. 822-41. doi:10.1016/j.leaqua.2013.08.004.

Yang, Y., et Konrad, A. M. (2011). « Comprendre les pratiques de gestion de la diversité : implications de la théorie institutionnelle et de la théorie basée sur les ressources. » Gestion des groupes et de l'organisation 36, 6-38. doi:10.1177/1059601110390997.

ANNEXE A

Questionnaire sur le leadership authentique (ALQ)

1. Dites exactement ce que je veux dire.
2. Admettez les erreurs lorsqu'elles sont commises.
3. Encouragez tout le monde à parler en fonction de ses sentiments.
4. Dites-vous la dure vérité.
5. Affichez vos émotions exactement en ligne avec les sentiments.
6. Démontrer des croyances qui sont cohérentes avec les actions.
7. Prendre des décisions basées sur mes valeurs fondamentales.
8. Demandez-vous de prendre des positions qui soutiennent vos valeurs fondamentales.
9. Prendre des décisions difficiles fondées sur des normes élevées de conduite éthique.
10. Sollicitez des points de vue qui remettent en question mes positions profondément ancrées.
11. Analysez les données pertinentes avant de prendre une décision.
12. Écoutez attentivement les différents points de vue avant de tirer des conclusions.
13. Demandez des commentaires pour améliorer les interactions avec les autres.
14. Décrire avec précision comment les autres voient mes capacités.
15. Sachez quand il est temps de réévaluer ma position sur des questions importantes.
16. Montrez que je comprends l'impact d'actions spécifiques sur les autres.

ANNEXE B

Questionnaire sur la puissance morale (QCM)

1. Confrontez mes pairs s'ils commettent un acte contraire à l'éthique.
2. Confrontez un leader s'il commet un acte contraire à l'éthique.
3. Exprimez toujours mon point de vue sur une question éthique à mes dirigeants.
4. Aller à l'encontre de la décision du groupe chaque fois qu'elle viole mes normes éthiques.
5. Assumer la responsabilité d'agir lorsque je vois un acte contraire à l'éthique.
6. N'acceptez pas que quelqu'un dans mon groupe se comporte de manière contraire à l'éthique.
7. Prendre en charge les questions éthiques lorsque je sais que quelqu'un a fait quelque chose de mal.
8. Confrontez les autres qui se comportent de manière contraire à l'éthique pour résoudre le problème.
9. Voyez facilement les implications morales / éthiques dans les défis auxquels je suis confronté.
10. Travailler avec les autres pour régler les différends moraux et éthiques.
11. Prendre des mesures décisives lorsque vous abordez une décision morale / éthique.
12. Déterminez ce qui doit être fait lorsque je fais face à des dilemmes moraux / éthiques.